GREEK DOCTOR'S DIET
DAS KOCHBUCH

100 köstliche, mediterrane Rezepte, mit denen Sie
Ihr Leben lang schlank und gesund bleiben.

DR. FEDON ALEXANDER LINDBERG

UMSCHAU

Inhalt

MARIA
BABA VIDA
STUDIO ART GALLERY

Titel der englischen Originalausgabe: The Greek Doctor's Diet Cookbook

Die Originalausgabe erschien 2006 im Verlag Rodale International Ltd

Fotos: Jonathan Gregson (Food), Mats Widén (Location Griechenland)
Food styling: Angela Boggiano
Gestaltung und Design: Simon Daley at Giraffe
Herausgeber: Maggie Ramsay und Jillian Stewart
Herstellung: Sara Granger

Übersetzung
Karola Bartsch, München

Lektorat
Eva-Maria Ullmer

Satz
Gerda Günther, posi.tiff Dienstleistungen GmbH

Printed and bound in Singapore

ISBN-13: 978-3-86528-125-8
ISBN-10: 3-86528-125-7

HINWEIS:
Dieses Buch ist als Nachschlagewerk und nicht als medizinisches Handbuch gedacht. Die hier zusammengefassten Informationen sollen dazu dienen, fundierte Entscheidungen in Sachen Gesundheit zu treffen. Das Buch ist kein Ersatz für eine wie auch immer geartete, ärztlich verschriebene Behandlung. Sollten Sie Befürchtungen bezüglich eines gesundheitlichen Problems haben, raten wir dringend, fachkundigen medizinischen Rat einzuholen.

Abbildung auf der Umschlagseite: ***Hühnchenkebabs mit frischen Kräutern***

Besuchen Sie uns im Internet
www.umschau-buchverlag.de

Mein besonderer Dank geht an Per Lauritz Lien, unseren großartigen, kreativen Küchenchef in der Osloer Klinik, der mir geholfen hat, etliche Rezepte zu entwickeln und, zur großen Wonne unseres »Verköstigungsteams«, auch auszuprobieren. Danken möchte ich ferner meiner »norwegischen Mama« Wera für ihr unschlagbares Schokoladenkuchenrezept; Mats Widén für seine schönen Aufnahmen und die wunderbaren Erinnerungen an unsere Reise nach Griechenland und all denen, die an diesem Buch mitgewirkt haben. Die Arbeit daran war eine Freude.

Einleitung

Draußen ist es dunkel, nur die Sterne bringen etwas Licht in die mondscheinlose Nacht. Die ganze Familie – Eltern, Großeltern und Geschwister – ist draußen um den Esstisch des Sommerhauses versammelt. Der verlockende Geruch von Meeresbrassen und Tintenfisch auf dem Grill wetteifert mit den dezenten Düften von Gardenia und Jasmin, die vom Garten herwehen. Der Tisch ist über und über mit Mezedes bedeckt: griechischer Salat mit Feta und Oregano, Limabohnen in Tomatensauce, Calamari, Garnelen-Saganaki, Lammhackfleisch mit Minze und Anis, das obligatorische Tzatziki, gefüllte Weinblätter, Kichererbsenbällchen ...

Dieser idyllische Abend erinnert mich an meine Kindheit und Jugend im Griechenland der späten sechziger und frühen siebziger Jahre. Das Leben damals war definitiv unkomplizierter. Mobiltelefone und Internet gab es nicht; man hatte weniger Auswahl, aber auch weniger Druck und mehr Zeit für Familie und Freunde. Heute haben wir mehr materielle Götter denn je, aber nur wenige von uns sind zufrieden. Wir leben unter Umständen länger, aber vor allem aufgrund teurer Arzneimittel und hochentwickelter medizinischer Technologie, und nicht wegen eines besseren Lebensstils. Wir sind gestresst, haben keine oder nur wenig körperliche Betätigung, und viele Lebensmittel, die wir zu uns nehmen, sind denaturiert und industriell verarbeitet. Dennoch erreichen und erleben wir mehr, als frühere Generationen sich je erträumt hätten. Sind wir deshalb aber auch glücklicher oder gesünder?

Wie viele mediterrane Völker, haben die Griechen immer schon Wert auf gutes Essen als Bestandteil eines erfüllten, gesunden Lebens gelegt. Bereits im 4. Jahrhundert v. Chr. verfasste Archestratos im griechischen Syrakus das erste Kochbuch der Welt, *Gastronomia*. Darin führt er im Detail nicht nur eine Vielzahl von Rezepten auf, sondern auch Zutaten und Bezugsquellen. Er wusste, welchen Fisch man auf den Märkten in Karthago oder Pella bekam und wo in Athen die besten Bäcker waren. Er war voll des Lobes für den Aal aus dem (heute ausgetrockneten) Kopais-See nahe Athen, Wein von den Inseln Thassos und Lesbos und frittierte Sardinen aus Faliron vor der Küste Athens. Es ist faszinierend, etwas über diese Lebensmittelmärkte aus der Alten Welt zu erfahren, und es ist unstrittig, dass etliche der dort feilgebotenen Waren aus dem Mittelmeer- und Schwarzmeerraum stammten. Bemerkenswert ist jedoch auch die Tatsache, dass der soziale Aspekt von Essen und Trinken im Kreis der Familie und mit Freunden mindestens genauso wichtig war wie das Essen selbst.

Offenbar hatten die alten Griechen eine klare Vorstellung davon, was »gut zu leben« wirklich heißt. Das mag wenig überraschen, wenn man bedenkt, dass Griechenland Dionysos, den Wein- und Wonnengott, und Hippokrates, den Vater der Medizin, hervorgebracht hat; Letzterer erkannte, dass es für jede Krankheit eine physiologische und rationale Erklärung gibt und sie nicht, wie damals allgemein angenommen, ein Werk der Götter ist. Daraus folgt, dass der Mensch sein Schicksal teils in der Hand hatte: Ausreichend Nachtruhe, gesundes Essen, frische Luft und Reinlichkeit tragen dazu bei, Krankheiten vorzubeugen und zu heilen. Diese beiden so gegensätzlichen »Persönlichkeiten« verkörpern meines Erachtens das Gleichgewicht, das wir zur Erhaltung unseres körperlichen und geistigen Wohlbefindens benötigen. In Kombination mit dem Glaubenssatz der alten Griechen, »Alles in Maßen«, ergeben ihre Maximen eine ausgewogene, einfache Lebensphilosophie, die sich heute genauso umsetzen lässt wie früher.

Welche Lebensmittel wirken sich günstig auf unsere Gesundheit aus? Darauf gibt es keine einfache Antwort, aber die mediterrane Ernährungsweise wurde lange als eine der gesündesten weltweit gepriesen. Olivenöl, Knoblauch, Wein, Fisch, Joghurt, Käse, Nüsse, Hülsenfrüchte, Körner, Obst und viel Gemüse sind die Hauptzutaten. Natürlich gibt es nicht *die* mediterrane Ernährung; sie variiert von Region zu Region. Die traditionelle Ernährung auf der griechischen Insel Kreta galt wegen der Langlebigkeit der Inselbevölkerung und ihrer geringen Anfälligkeit für Herzkrankheiten und Krebs als der Gesundheit förderlich. Ein überzeugender wissenschaftlicher Nachweis wurde bei einer zum Teil von der Harvard University gesponserten, großen internationalen Konferenz im Jahr 1993 präsentiert. Die traditionelle kretische Küche hat mit gut 40 Prozent der Gesamtenergiezufuhr einen relativ hohen Fettanteil, verglichen mit der Ernährung in vielen westlichen Ländern, die in den letzten Jahrzehnten einer Low-Fat-Manie erlegen sind. Das meiste Fett in kretischem Essen stammt allerdings aus natürlichen, kaum weiterverarbeiteten Quellen wie Olivenöl und Nüssen mit einem hohen Anteil an einfach ungesättigten Fettsäuren. Das Gros der wissenschaftlichen Literatur empfiehlt für den typischen westlichen Speiseplan eine deutliche Reduzierung der Zuckermenge und raffinierter, stärkehaltiger Lebensmittel – wie Weißbrot, Nudeln, Reis und Kartoffeln – und stattdessen den Verzehr gesünderer Fette, wie sie in Pflanzen und Fisch enthalten sind. Auf dem Weg in diese Richtung kann die griechische Küche sehr inspirierend sein. Mein ernährungsphysiologischer Ansatz, wie ich ihn ausführlich in meinem ersten Buch *The Greek Doctor's Diet* beschrieben habe, basiert auf der traditionellen kretischen Küche und ist hier in überarbeiteter Form um neueste Erkenntnisse zum Glykämischen Index (GI) und zur Glykämischen Last (GL) ergänzt. (Bei der früher angewandten Methode wurden Lebensmittel nach ihrer blutzuckersteigernden Wirkung eingeteilt, während die jetzige die Wirkung der tatsächlich zugeführten Kohlenhydratmenge berücksichtigt.) Die in diesem Buch enthaltenen Rezepte beruhen auf dieser Diät. Sie sind nicht als Mittel für eine kurzfristige Gewichtsreduzierung gedacht, sondern als Bestandteil einer neuen und dauerhaft besseren Ernährungsweise.

Die Arbeit an dem Buch, das Sie in Händen halten, war für mich ein höchst erfreuliches Projekt. Die Rückkehr zu den eigenen Wurzeln und das Reisen durch Griechenland im Mai waren, wie immer, das pure Vergnügen und mit dem, was die meisten Touristen in der Hochsaison des Sommers erleben, nicht zu vergleichen. Die Temperatur ist genau richtig, alles grünt und blüht, die Luft ist getränkt vom unglaublichen Blumenduft, und die Einheimischen sind entspannt und noch nicht ausgelaugt von den Touristenhorden, die im Sommer in ihr Land »einfallen«. Mit dieser Arbeit sind unvergessene Tage und Nächte in Athen, auf Santorini und Kephallonia verbunden, und wenn auf den nachfolgenden Seiten nur ein wenig von der Liebe zu gutem Essen in guter Gesellschaft spürbar wird, wie unser Team es genießen durfte, werden Sie allmählich begreifen, wie beglückend für mich das einfache Vergnügen von selbst zubereitetem Essen auf einer Veranda unter den Sternen war.

Essen, Gesundheit und Gewicht

Was ist die Greek Doctor's Diet?

Die GDD ist ein leicht zu befolgendes, langfristiges Ernährungsprinzip, das mit Kalorienzählen und Streichungen im Essensplan nichts zu tun hat. Auf der Grundlage wohlschmeckender Lebensmittel, die ein besseres Allgemeinbefinden und mehr Vitalität bewirken und das Einhalten der Diät leicht machen, werden Sie vermutlich nicht weniger, sondern nur anders essen als gewohnt.

Kern der GDD ist die richtige Entscheidung bezüglich Art und Menge der einzelnen Lebensmittel zu treffen, um ein natürlicheres Gleichgewicht zwischen den verschiedenen Kohlenhydraten, Proteinen und Fetten herzustellen und den notwendigen Bedarf an lebensnotwendigen Vitaminen, Mineralien und Antioxydantien zu decken. Wenn Sie Ihre Ernährung in diesem Sinne umstellen, macht sich das durch einen stabileren Blutzuckerwert, hormonelle Ausgeglichenheit und eine insgesamt verbesserte Gesundheit bezahlt.

Was kann ich erwarten?

Wenn Sie übergewichtig sind, wird Ihnen die GDD helfen, allmählich abzunehmen. Wie viel und wie schnell hängt davon ab, wie viel Übergewicht Sie haben, wie genau Sie die Regeln einhalten, wie viel körperliche Betätigung Sie haben und nicht zuletzt auch welche Gene. Mit Ausnahme der ersten Woche, in der ein vermindertes Gewicht auf den Flüssigkeitsverlust zurückgehen kann, sollten Sie die Körperfettreduzierung nicht höher als mit 1–1,5 Kilo pro Woche ansetzen, es sei denn, Sie wären stark übergewichtig. Wenn Sie mehr abnehmen, ist ein Verlust an Muskelmasse der Grund, was nicht wünschenswert ist, da Muskeln den Stoffwechsel in Schwung halten.

Wenn Sie oft Süßigkeiten oder Stärkehaltiges zu sich nehmen, werden Sie mit Hilfe der Grundprinzipien dieser Diät wieder besser kontrollieren können, was Sie essen.

Wenn Sie untergewichtig sind, wird Ihnen die GDD zu einem gesunden Gewicht verhelfen. Bei normalem Gewicht werden Sie weder zu- noch abnehmen, sich aber sehr viel wohler fühlen.

Bei Bluthochdruck, erhöhten Cholesterin- oder Triglyceridwerten können Sie Ihre Gesundheit mit dieser ausgewogenen, herz- und gefäßschonenden Ernährung verbessern.

Bei Diabetes gewinnt man dank der Diät eine deutlich bessere Kontrolle über den Blutzucker; die Cholesterin- und Triglyceridwerte sinken, der Blutdruck normalisiert sich.

Wenn Sie sich rund eine Stunde nach dem Essen häufig müde und träge fühlen, leiden Sie unter Umständen an »reaktiver Hypoglykämie«, ein Zeichen für niedrigen Blutzucker. Das kann ein Hinweis darauf sein, dass Sie insulinsensitiv sind und Ihr Blutzucker relativ schnell sinkt, nachdem Sie hochraffinierte Lebensmittel zu sich genommen haben wie Weißbrot, weiterverarbeitetes Getreide und Zucker. Symptomen dieser Art kann durch die Einhaltung der Grundregeln dieser Diät vorgebeugt werden, in jedem Fall aber lassen sie sich wesentlich reduzieren.

Allergien und Entzündungszustände wie Arthritis und Asthma, das chronische Ermüdungssyndrom, Fibromyalgie und stressbedingte Störungen lassen sich oft durch eine Veränderung der Essgewohnheiten lindern. Die typische moderne Ernährungsweise mit ihrer hohen Zufuhr an Zucker und Stärke und der geringen Zufuhr an essentiellen Omega-3-Fettsäuren trägt möglicherweise in hohem Umfang zu solchen Beschwerden bei.

Es geht also um viel mehr als nur eine gewichtsreduzierende Diät. Die GDD versucht, alle Potentiale auszuschöpfen, um vor zivilisationsbedingten Krankheiten wie der Typ-2-Diabetes, Herz- und Gefäßkrankheiten (Herzinfarkt, Schlaganfall, Bluthochdruck und sonstige Erkrankungen des Herzens und der Arterien), Gelenkproblemen und bestimmten Krebsarten zu schützen. Sie eignet sich für die ganze Familie – Erwachsene und Kinder gleichermaßen.

Die Bedeutung eines ausgeglichenen Blutzuckerspiegels

Ein ausgeglichener Blutzuckerspiegel während der Diät ist ein zentraler Punkt meiner Herangehensweise – und der Schlüssel dazu ist die Auswahl geeigneter Kohlenhydrate. Der Körper reagiert auf das ihm zugeführte Essen mit der Bildung verschiedener Hormone. Hormonelle Ausgeglichenheit ist ein wesentlicher Faktor für die Erhaltung der Gesundheit, und zwei der wichtigsten Hormone sind Insulin und Glukagon. Deren Hauptaufgabe ist die Regulierung des Blutzuckerspiegels im Körper. Nimmt man kohlenhydrathaltiges Essen zu sich (wie Brot, Kartoffeln, Reis, Nudeln, Zucker und in gewissem Maße auch Gemüse, Obst und Hülsenfrüchte), steigt der Blutzuckerspiegel. Die Bauchspeicheldrüse reagiert darauf mit der Bildung von Insulin. Kohlenhydrate, die rasch absorbiert und in Blutzucker umgewandelt werden, stimulieren den Ausstoß von viel Insulin; solche, die langsamer absorbiert und in Blutzucker umgewandelt werden, bewirken einen weniger starken Anstieg des Blutzuckerspiegels und einen geringeren Insulinspiegel im Blut.

Eine der wichtigsten Funktionen von Insulin besteht darin, sicherzustellen, dass der Blutzucker vom Blut in die Körperzellen gelangt. Er wird zunächst in der Leber und den Muskeln gespeichert, und wenn diese Speicher gefüllt sind, bewirkt Insulin die Einlagerung in den Körper in Form von Fett, insbesondere rund um die Taille.

Ein hoher Insulinspiegel im Blut macht es dem Körper schwer, wenn nicht unmöglich, Fett aus den Fettspeichern zu verbrennen. Das gilt auch im Fall eines unausgewogenen Verhältnisses von Insulin und Glukagon. Glukagon fördert die Verbrennung von Körperfett zur Gewinnung von Energie, und wenn der Körper Glukagon produziert (ausgelöst durch den Verbrauch von Protein), produziert er kein Insulin.

Neben der Tatsache, dass es eine Gewichtsabnahme fast unmöglich macht, kann überschüssiges Insulin den Körper auch nachhaltig schädigen. Je häufiger der Körper die Erfahrung eines hohen Insulinspiegels macht, desto schwieriger wird es für das Insulin, den Blutzuckerspiegel zu senken. Die Bauchspeicheldrüse versucht das durch einen erhöhten Insulinausstoß auszugleichen. Je mehr schnell absorbierbare Kohlenhydrate man zu sich nimmt, desto mehr Insulin produziert der Körper, mit der Folge, dass man schon bald in einen Teufelskreis aus Hyperinsulinämie (erhöhte Insulinproduktion) und verminderter Insulinsensitiviät (Insulinresistenz) gerät. In dem Fall ist der Insulinspiegel konstant hoch, ob man gegessen hat oder nicht. Dabei ist lediglich die blutzuckersenkende Wirkung des Insulins herabgesetzt, was die Fetteinlagerung weiterhin begünstigt. Das führt zu Gewichtszunahme und erhöht das Risiko für das Auftreten von Typ-2-Diabetes, hohen Cholesterinwerten, Bluthochdruck und Herz- und Gefäßkrankheiten sowie bestimmten Krebsarten. Daraus wird ersichtlich, wie wichtig die Wahl der geeigneten Kohlenhydrate ist.

Die Vorteile der GDD

In Stichpunkten:

- Normalgewicht
- niedrigerer, stabilerer Blutzucker
- niedrigerer Cholesterin- und Triglyceridspiegel
- Ausgeglichenheit
- normaler Appetit
- verminderte Entzündungsreaktionen
- geistige Wachheit
- mehr Energie

Ein typischer Tag mit der GDD-Diät

Frühstück

- 2 Rühreier, 50 g Räucherlachs
- 1–2 gegrillte Tomaten, beträufelt mit 1 Teelöffel Olivenöl

Zwischenmahlzeit

- 125 g Magerjoghurt mit 1 Kiwi und 1 Esslöffel gemahlenem Leinsamen

Mittagessen

- 90–150 g gekochtes Huhn mit 150 g gekochten Kichererbsen
- gemischter Salat aus Rucola und Gartenkresse
- 2 Esslöffel selbstgemachte Vinaigrette

Zwischenmahlzeit

(kann auch nach einem frühen Abendessen erfolgen)

- 1 Apfel
- 10–12 Erdnüsse

Abendessen

- 250 ml Brokkoli- und Blumenkohlsuppe (s. Seite 61)
- 125–150 g rote Meerbarbe mit Orangen-Ingwer-Koriandersauce (s. Seite 101)
- 200 g gemischtes gedünstetes Gemüse
- 100 g gekochter brauner Reis oder Couscous

Stressbewältigung

In unserer modernen Gesellschaft stressimmun zu sein, ist ein Ding der Unmöglichkeit. Bei Stress, ob »positiver« oder »negativer« Art, produziert der Körper Stresshormone. Alle Lebewesen haben zur Überlebenssicherung Schutzmechanismen für Gefahrensituationen entwickelt, wie etwa den Kampf- oder Fluchtreflex. Bei aufziehender Gefahr bekommen wir Herzklopfen, der Blutdruck steigt, möglicherweise beginnen wir zu schwitzen und sind hochkonzentriert. Für den Menschen früherer Zeiten, der in einer gefahrvollen Umwelt lebte, war das hilfreich. War er beispielsweise mit einem Raubtier konfrontiert, konnte er entschlossen handeln und die Energie nutzen, die ihm seine Reflexe verliehen.

Heutiger Stress jedoch hat kaum etwas mit tatsächlicher Gefahr zu tun. Erleben Sie diese Art von Stressreaktion etwa, während Sie in einem Verkehrsstau stecken, haben Sie keinerlei Gelegenheit, die Stressantwort zu »vollenden« und die von den Stresshormonen bereitgestellte Energie zu nutzen. Wird diese Reaktion regelmäßig ausgelöst, ist ein konstant erhöhter Spiegel der Stresshormone Adrenalin und Kortisol die Folge. Diese Art von chronischem Stress ist eine der Hauptursachen moderner Zivilisationserkrankungen.

Auch die Zufuhr hochglykämischer Lebensmittel bewirkt die Ausschüttung von Stresshormonen. Wenn man ein Baguette oder ein Stück Kuchen isst, steigt der Blutzucker schlagartig beträchtlich an, mit der Folge, dass der Körper die Insulinproduktion ankurbelt, weswegen der Blutzuckerspiegel rund 1,5 Stunden im Anschluss an die Mahlzeit fällt. Das Gehirn, das einen stabilen Blutzuckerspiegel braucht, deutet den sinkenden Blutzucker als Gefahrensignal. Wenn der Körper nicht interveniert, wird der Blutzucker weiter fallen und man wird ohnmächtig. Folglich beginnt der Körper mit der Produktion von Adrenalin und Kortisol, um den Blutzucker auf normalem Niveau zu halten.

Eine Kombination aus schlechter Ernährung, ungenügender körperlicher Betätigung, hohem Arbeitstempo, wenig erholsamem Schlaf und mangelnder Entspannung kann zu chronischem Stress führen. Dadurch sinkt der Chromspiegel im Körper, was einen höheren Insulinspiegel und in der Folge Heißhunger auf Süßes oder stärkehaltiges Essen bewirkt. Ein chronisch erhöhter Insulinspiegel kann eine ganze Bandbreite an Symptomen hervorrufen, darunter Übergewicht, Diabetes, Angstzustände und Depression, Fibromyalgie und das chronische Müdigkeitssyndrom.

Dagegen kann man etwas tun. Man muss die stressverursachenden Faktoren erkennen und, wenn möglich, ausschalten, was nicht immer einfach ist. Zu lernen, mit Stress umzugehen, ist genauso wichtig wie das Bemühen, ihn möglichst zu vermeiden und zu reduzieren. Erreichen kann man das mit Hilfe von Stressbewältigungstechniken (Tai Chi, Yoga, Meditation) und Bewegung in Kombination mit einer gesunden, ausgewogenen und niedrigglykämischen Ernährung.

Die Wahl »langsamer« Kohlenhydrate

Langsame Kohlenhydrate sind, wie ihr Name schon sagt, solche, die die Blutzuckerwerte allmählich ansteigen lassen und von daher keine heftigen Insulinschwankungen hervorrufen. Am leichtesten sind sie über ihren Glykämischen Index (GI) zu bestimmen, auch wenn hier einige Abweichungen zu beobachten sind, auf die wir noch zu sprechen kommen. Mit Hilfe der GI-Methode werden die Lebensmittel nach ihrer Wirkung auf den Blutzucker bewertet; je schneller sie aufgenommen und im Dünndarm verarbeitet werden, desto schneller und höher steigt der Blutzuckerwert, was sich in einem hohen GI niederschlägt. Reine Glukose gelangt sofort ins Blut und hat damit eine unmittelbare Wirkung auf den Blutzucker; auf einer Skala von 0 bis 100 liegt der Glukose-GI bei 100.

Der GI vergleicht Lebensmittel auf der Grundlage eines gleichen Kohlenhydratgehalts, nicht aber einer gleichen Nahrungsmenge: 50 g Glukose sind reine Kohlenhydrate, wohingegen sich der GI für gekochte Karotten aus der Menge gekochter Karotten ergibt, die 50 g Kohlenhydrate enthalten – entsprechend über 650 g. Die meisten nicht-stärkehaltigen Gemüse haben einen sehr niedrigen Kohlenhydratgehalt von in der Regel unter fünf Prozent. Man müsste also beispielsweise eine beträchtliche Menge an Tomaten oder Sellerie verzehren, um die 50 g Kohlenhydrate aufzunehmen, die man zur Messung ihres GI benötigt. Deshalb tauchen sie in der GI-Liste auch nicht auf.

Lebensmittel, die keine Kohlenhydrate enthalten, haben keinen unmittelbaren Einfluss auf den Blutzucker; folglich liegt ihr GI bei null. Aus diesem Grund gibt es keine GI-Wertung für Lebensmittel, die vor allem aus Proteinen bestehen, wie Eier, Huhn, Fleisch und Fisch. Das gilt auch für überwiegend fetthaltige Lebensmittel wie Butter, Margarine und Pflanzenöl.

Die Glykämische Last: der weiterentwickelte GI

Anhand einer GI-Liste könnte man nun versucht sein, von allen Lebensmitteln mit hohem GI zu behaupten, sie seien ungesund, die mit niedrigem GI dagegen gesund. Die Wahrheit ist, wie immer, vielschichtiger. Keineswegs ist es so, dass GI das alleinige Maß für Gesundheit darstellt. Dann wäre Margarine mit einem GI von null sehr gesund, was aber nicht der Fall ist. Auch kann man trotz ihres relativ hohen GI von Bananen und Mangos nicht behaupten, sie seien schädlich.

Wenn wir uns ausschließlich darauf konzentrieren, was für den Blutzucker gut oder schlecht ist – und Vitamine, Mineralien und Fett zunächst außer Acht lassen –, ist die Menge der zugeführten Kohlenhydrate sicherlich beträchtlich. Der GI ist jedoch ein Maß dafür, wie schnell die Kohlenhydrate eines bestimmten Lebensmittels blutzuckersteigernd wirken; er sagt nichts aus über die in einem Lebensmittel enthaltene Menge von Kohlenhydraten und mithin darüber, wie viel man davon essen müsste, um die vom GI suggerierte Reaktion auszulösen. Zur Erinnerung: Wie viel Insulin produziert wird, hängt von der Menge an Kohlenhydraten ebenso ab wie von der Geschwindigkeit, mit der sie in Blutzucker umgewandelt werden.

Vor diesem Hintergrund haben Wissenschaftler der Harvard University den Begriff *Glycaemic Load* oder Glykämische Last (GL) geprägt. Wie der GI auch, ist der GL ein Index, nach dem Lebensmittel in ihrer Wirkung auf den Blutzuckerwert eingeteilt werden. Während der GI jedoch darüber informiert, wie schnell der Blutzucker nach der Aufnahme von 50 g verwertbarer Kohlenhydrate aus verschiedenen Lebensmitteln steigt, berücksichtigt der GL sowohl den GI als auch die Menge der in 100 g Lebensmitteln oder einer bestimmten Portion enthaltenen Kohlenhydrate. Er liefert damit eine weitaus genauere Bewertung der einzelnen Lebensmittel, da er die Wirkung einer bestimmten Essensration auf den Blutzucker abbildet.

Die Anwendung des GL-Prinzips hatte zur Folge, dass einige vormals (wegen ihrer blutzuckersteigernden Wirkung) im GI-System auf der schwarzen Liste geführte Lebensmittel jetzt in weitaus günstigerem Licht erscheinen. Wassermelone ist ein gutes Beispiel dafür: Sie hat einen GI von 72, da die enthaltene Kohlenhydratart zu schnellem Blutzuckeranstieg führt. Da sie jedoch nur sehr wenig von diesen Kohlenhydraten enthält, liegt der GL pro 100 g lediglich bei 4.

Auf den hinteren Seiten dieses Buches findet sich eine Liste mit Angaben sowohl zum GI als auch zum GL der gebräuchlichsten Lebensmittel.

Nach den Kohlenhydraten wenden wir uns jetzt Proteinen und Fetten zu, zwei wesentlichen Bestandteilen einer gesunden Ernährung.

Protein

Protein ist von entscheidender Bedeutung für unseren Körper. Es bildet die Grundlage für Zellen, Hormone und das Immunsystem, die wiederum mit Hilfe von Protein miteinander kommunizieren. Proteine bestehen aus kleineren Verbindungen, Aminosäuren genannt, von denen es rund 20 verschiedene Arten gibt. Elf davon können vom menschlichen Organismus gebildet werden; die restlichen neun, die »essentiellen Aminosäuren«, müssen über die Nahrung zugeführt werden. Ohne genügend essentielle Fettsäuren sind unsere Körperfunktionen auf Dauer nicht gewährleistet.

Es gibt zwei Proteinquellen: tierisches und pflanzliches Eiweiß. Ersteres kommt in Milch und Milchprodukten, Eiern, Fleisch, Geflügel, Fisch und Schalentieren vor. Dabei ist hervorzuheben, dass es die gesättigten Fette in Milchprodukten und Fleisch sind, die sich in großen Mengen ungünstig auswirken, nicht etwa das Protein. Wenn man sich für mageres Fleisch und fettreduzierte Milchprodukte entscheidet, ist Fett unproblematisch. Pflanzliches Protein kommt vor allem in Nüssen, Hülsenfrüchten wie Bohnen, Linsen und Kichererbsen und in geringerem Maße auch in Gemüse vor. Worauf man auf der Suche nach gesunden Proteinquellen achten sollte, ist auf den Seiten 31–39 nachzulesen.

Zu wenig Eiweiß kann den Verlust von schlanker Körpermasse, der Muskulatur, zur Folge haben. Große und kleine Muskeln sind wichtig für Bewegungsabläufe und schützen unsere lebenswichtigen inneren Organe. Darüber hinaus sind Muskeln der Bestandteil unseres Körpers, der am meisten Energie verbrennt; weniger Muskelmasse geht also mit einem verlangsamten Stoffwechsel einher. Viele altersbedingte Krankheiten lassen sich auf den Verlust an Muskelmasse zurückführen. Eiweißhaltige Nahrung liefert häufig gleichzeitig auch wichtige Vitamine und Mineralien, so dass eine Unterversorgung möglicherweise zu einem Mangel an körpereigenen Antioxydantien führt, welche Teil unserer Abwehr gegen Krankheiten und frühzeitige Alterungsprozesse sind.

Die Bedeutung von Protein für den Stoffwechsel

Protein ist ein Kernelement für einen effizienten Stoffwechsel; unser Eiweißkonsum hat Auswirkungen auf eine Vielzahl von Hormonen. In erster Linie fördert Protein die Bildung des Wachstumshormons IGF-1 und des Hormons Glukagon. Das Wachstumshormon bewirkt eine Zunahme an Muskelmasse, während Glukagon die Verbrennung von Körperfett zur Bereitstellung von Energie fördert.

Betonen möchte ich, dass diese Diät nicht stark proteinhaltig ist. Zwar empfehle ich (anstelle von Kohlenhydraten) eine höhere Eiweißzufuhr, als die meisten von uns gewöhnt sein dürften; die Gesamtmenge jedoch ist nicht hoch.

Fette

Nichts ist für unsere Gesundheit so wichtig wie der Verzehr geeigneter Fette. Davon zeugt die geringe Quote an Herz- und Gefäßerkrankungen bei denen, die sich nach der traditionellen mediterranen Küche ernähren, in der Olivenöl eine zentrale Rolle spielt.

Essen enthält Fett in Form von Triglyzeriden, die bei der Verdauung in ihre Bestandteile zerlegt werden: Glyzerin und drei Fettsäuren. In der Natur kommen etliche Fettsäuren vor, aber nur wenige davon spielen auch bei der Ernährung eine Rolle.

Viele Fettsäuren sind wichtig, weil sie eine hemmende Wirkung auf Entzündungsvorgänge im Körper haben. Andere sind unverzichtbar für einen gut funktionierenden Stoffwechsel, weil wir aus unserer Nahrung das richtige Fett gewinnen müssen, um überhaupt Fett verbrennen zu können. In Kombination mit Antioxydantien beeinflussen Fettsäuren unsere Abwehrmechanismen gegen Krebs, andere wiederum sind wichtig bei der Vorbeugung gegen Diabetes und Herzkrankheiten. Hinter den Fetten verbirgt sich also mehr, als man auf Anhieb meint.

Alle Fette enthalten sowohl gesättigte als auch ungesättigte Fettsäuren, werden aber entsprechend den jeweiligen Anteilen in der Regel als gesättigt und ungesättigt bezeichnet. Butter zum Beispiel gilt normalerweise als gesättigtes Fett, weil sie 60–65 Prozent an gesättigten und 30–35 Prozent an ungesättigten Fetten enthält. Innerhalb der Kategorie der gesättigten Fettsäuren unterscheidet man zwischen zwei Arten, den einfach und den mehrfach gesättigten. Der menschliche Organismus ist in der Lage, gesättigte und einfach gesättigte Fettsäuren zu produzieren, nicht aber verschiedene Arten mehrfach gesättigter, sogenannter essentieller Fettsäuren, gemeinhin als Omega-3 und Omega-6 bezeichnet. Diese Fettsäuren sind ein wesentlicher Bestandteil sämtlicher Zellmembrane, des Gehirns und des Nervensystems. Depressionen und etliche Erkrankungen des Nervensystems hängen mit einer geringen Zufuhr an Omega-3-Fettsäuren zusammen. Die Ernährung in der westlichen Zivilisation ist in aller Regel durch einen Überschuss an Omega-6- und einen Mangel an Omega-3-Fettsäuren gekennzeichnet, und dieses Ungleichgewicht fördert chronische Entzündungen, die Ursache für viele schmerzhafte und lebensbedrohliche Erkrankungen sind.

Mehr Informationen über Fette finden Sie in dem Kapitel »Zutaten für eine gute Gesundheit« auf den Seiten 44–45.

Bewegung stärkt die Gesundheit

Bei der GDD geht es nicht nur darum, was man isst. Körperliche Bewegung ist entscheidend für eine gute Gesundheit, und mit einer Kombination aus GDD, regelmäßigen Übungen und einem allgemein gesünderen Lebensstil erzielt man die besten Ergebnisse, ob man nun sein Gewicht reduzieren oder nur möglichst gesund bleiben will.

Viele Menschen glauben, man müsse sich strapaziösen Übungen unterziehen, wenn man abnehmen oder gesund leben will. Erfolge erzielt man jedoch nicht zwangsläufig durch übermäßig hartes Training. Entscheidend ist, dass man eine Form findet, die man genussvoll in den Alltag integriert. Besser ist ein moderates, aber tägliches Training. Ein Fußmarsch von 20–30 Minuten pro Tag und Krafttraining für die wichtigsten Muskelgruppen (vor allem die Oberschenkel) 2–3 Mal die Woche in Verbindung mit einer gesunden Ernährung ist für viele Menschen genau das Richtige.

Der Mensch ist dafür geschaffen, sich zu bewegen, um zu seiner Nahrung zu kommen. Der Steinzeitmensch lief im Schnitt 30 km pro Tag, um Nahrung aufzutreiben, manchmal auch erfolglos. Wenn er dann fündig geworden war, galt es, an Ort und Stelle zu verharren und nicht unnötig Energie zu vergeuden, bis man erneut hungrig wurde. Darum ist es auch sinnvoll, in der Früh und mit leerem Magen zu trainieren, da es sich gut mit unseren Hormonen und unserem Biorhythmus verträgt. Wenn wir morgens aufstehen, ist der Kohlenhydratspeicher in der Leber fast leer, der Blutdruck relativ niedrig und der Insulinwert auf niedrigstem Stand, was bedeutet, dass der Körper eingelagertes Fett leichter als Treibstoff verbrennen kann. Wenn Sie morgens zum Trainieren nicht früh genug aufstehen können, versuchen Sie sich auf dem Weg zur Arbeit Bewegung zu verschaffen. Oder Sie steigen ein paar Stationen früher aus dem Bus und gönnen sich einen rund halbstündigen strammen Fußmarsch. Ein tägliches Morgentraining ist das einfachste Geschenk, das Sie sich und ihrem Stoffwechsel machen können. Abgesehen davon aber ist Bewegung, zu welcher Tageszeit auch immer, eindeutig besser als keine. Körperliche Trägheit ist ein viel größeres Gesundheitsrisiko als Übergewicht. Man kann auch »fett fit« sein und durch regelmäßiges Training das Risiko der meisten Krankheiten reduzieren. Leider aber ist die Kombination von fehlender Bewegung und Übergewicht nicht gerade selten, und sie erhöht das Gesundheitsrisiko sogar.

Was kann ich vor und nach dem Training essen?

Vermeiden Sie Kohlenhydrate, besonders hochglykämisches Essen, vor dem Training, denn dadurch steigen der Blutzucker- und der Insulinwert, und die Fettverbrennung wird herabgesetzt. Nach einem ausgedehnten (nicht moderaten) Training jedoch erholt man sich mit hochglykämischer Nahrung schneller.

Ihr Training ist am effizientesten, wenn Sie Ihrem Körper die angemessene Menge Eiweiß zuführen. Körperliche Betätigung stimuliert die Ausschüttung von Wachstumshormonen, die muskelbildend wirken, aber nur, wenn genügend »Bausteine«, also Proteine, vorhanden sind. Idealerweise sollten Sie ein Glas Wasser trinken und etwas niedrigglykämisches Obst zu sich nehmen, bevor sie trainieren. Wenn Sie die Wirkung eines morgendlichen Trainings, insbesondere mit Gewichten, maximieren wollen, nehmen Sie 15–20 g Proteine (z.B. Joghurt oder Hüttenkäse) zu sich, kurz bevor Sie mit den Übungen beginnen oder nicht länger als 1–1,5 Stunden danach. Dadurch wird die Produktion von Glukagon und Wachstumshormonen angeregt, die das Muskelgewebe und die Fettverbrennung stimulieren. Nach dem Training sollten Sie ein ausgewogenes Frühstück einnehmen, das den Stellenwert einer Hauptmahlzeit hat (s. nachfolgende Seite).

Grundprinzipien der Diät

Genau genommen bezeichne ich meine Diät als »isoglykämische Ernährung« (ísos ist das griechische Wort für »gleich«): Ausgewogenheit ist das Ein und Alles. Ziel ist ein natürlicheres Gleichgewicht der verschiedenen Kohlenhydrate, Proteine und Fette in der Nahrung. Sie werden weniger verfeinerte und weiterverarbeitete Nahrung zu sich nehmen und eine größere Bandbreite an natürlichen Lebensmitteln, die Ihnen genetisch zuträglich sind und sich günstig auf Ihren Stoffwechsel auswirken.

Annähernd ein Drittel Ihrer Energiezufuhr insgesamt (womit die Kalorien- und nicht die Nahrungsmenge gemeint ist) sollte aus niedrig- und mittelglykämischen Kohlenhydraten bestehen, solchen also, die keinen schnellen Anstieg des Blutzuckers bewirken; weniger als ein Drittel aus hochwertigen tierischen und pflanzlichen Proteinen und der Rest aus minimal verarbeitetem, natürlichem Fett, in erster Linie einfach und mehrfach ungesättigten und in geringerem Maße auch gesättigten Fetten. Gramm-, Prozent- oder Kalorienzahlen muss man nicht berechnen. Um die geeignete Essensmenge zu bestimmen, benötigen Sie lediglich Ihre Handfläche.

Das ABC der GDD lautet nämlich wie folgt: Die meisten Mahlzeiten, die Sie zu sich nehmen, werden zu etwa einem Drittel aus proteinhaltigen Lebensmitteln bestehen (Ration A des »Modelltellers« auf der gegenüberliegenden Seite) und zu zwei Dritteln aus niedrigglykämischen Kohlenhydraten (Ration B des »Modelltellers«). Eine Mahlzeit pro Tag – Ihr »Belohnungsessen« – darf aus einem Drittel Protein, einer Hälfte niedrigglykämischer und einem Sechstel (Ration C) mittel- oder hochglykämischer Kohlenhydrate bestehen. Zur Abstimmung auf den Biorhythmus ist es vermutlich am besten, das Belohnungsessen als Frühstück oder Mittagessen einzunehmen, aber viele werden, weil es praktischer ist und aus Gründen der Geselligkeit, das Abendessen dafür reservieren.

Fett taucht auf dem Modellteller nicht auf, weil es in kleineren Mengen benötigt wird. Oft ist es »versteckt« als Teil der Essenszubereitung in Saucen oder Salatdressings enthalten. Am besten sind ungesättigte Fette, wie in nativem Olivenöl extra,

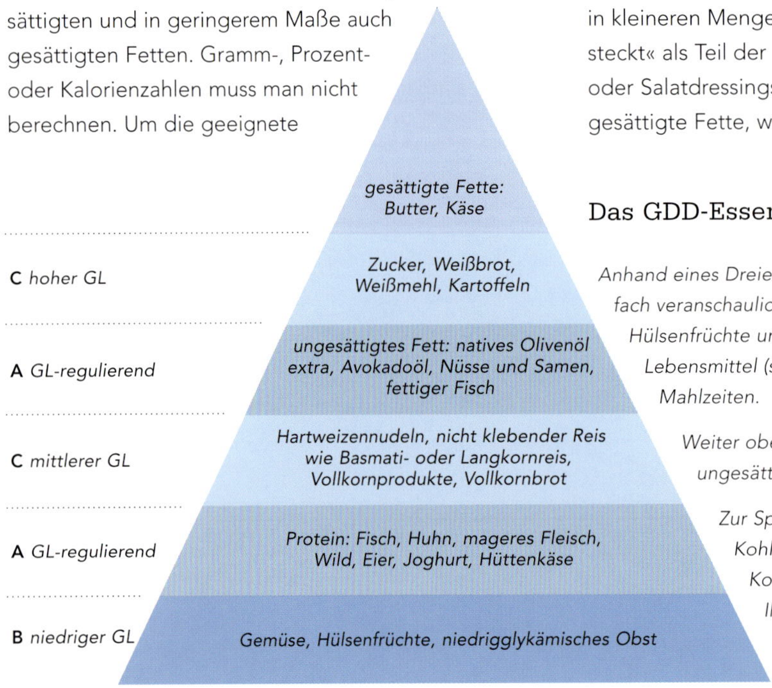

Das GDD-Essens-Dreieck

Anhand eines Dreiecks lässt sich diese Art der Ernährung einfach veranschaulichen. Die Basis bilden Gemüse sowie Hülsenfrüchte und Obst mit niedrigem GL. Diese Lebensmittel (s. Seite 39) bilden die B-Ration Ihrer Mahlzeiten.

Weiter oben finden sich proteinhaltige Nahrung und ungesättigte Fette – die A-Ration Ihrer Mahlzeiten.

Zur Spitze hin tauchen hochglykämische Kohlenhydrate auf (vor allem stärkehaltige Kost und Süßes). Sie bilden die C-Ration Ihres täglichen Belohnungsessens.

Nüssen, kalt gepressten Nussölen, Avokados, fettigem Fisch und Leinsamenöl. Schränken Sie die Zufuhr gesättigter Fette (vor allem aus tierischen Quellen, wie Butter, Käse und Fleisch) ein.

Wasser ist der beste »Gesundheitsdrink«: 2 Liter sind das Minimum für Erwachsene. Ein Glas Wein zur Mahlzeit ist der Gesundheit zuträglich, doch wenn Sie Ihr Gewicht reduzieren wollen, sollten Sie auf Alkohol verzichten oder ihn als Ration C des Belohnungsessens einplanen.

Sie dürfen fast beliebig viel essen, bis Sie auf angenehme Weise gesättigt sind (stillen Sie Ihren Hunger langsam, denn das Sättigungssignal gelangt erst nach 10–15 Minuten ins Gehirn). Auch eine zweite Portion ist gestattet, aber nehmen Sie nicht einfach nur mehr Kohlenhydrate zu sich, sondern eine angemessene (kleinere) Menge an Eiweiß, das auch bei keiner Zwischenmahlzeit fehlen sollte.

Wie viel soll ich essen?

Die nebenstehenden Diagramme helfen Ihnen bei der Zusammenstellung Ihrer Mahlzeiten. Für einen Erwachsenen sollte die Menge an proteinhaltigem Essen der Größe seiner Handfläche entsprechen, die von Mensch zu Mensch variiert und im Verhältnis zum restlichen Körper steht. Sie entspricht der Menge an Proteinen, die Sie benötigen, und bildet die Ration A jeder Ihrer täglichen drei Hauptmahlzeiten.

Die Ration B (vor allem Gemüse und Hülsenfrüchte, niedrigglykämisches Obst und Beeren) sollte das Doppelte der Protein-Ration betragen, nämlich zwei Handflächen.

Die Ration C des Belohnungsessens sollte nicht größer sein als eine halbe Handfläche, die B-Ration nicht kleiner als eineinhalb Handflächen. Ration C beinhaltet auch das Dessert und Käse oder Wein bzw. Alkohol.

Zwischenmahlzeiten sollten etwa die Hälfte bis ein Drittel der Menge von Hauptmahlzeiten betragen und im Verhältnis gleich kombiniert sein.

AB Mahlzeiten | **ABC-Belohnungsmahlzeiten**

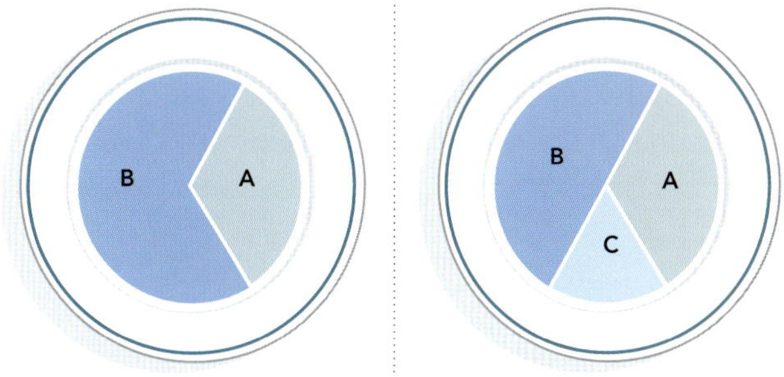

Nehmen Sie Ihre Handfläche als Maßeinheit für die geeignete Essensmenge.

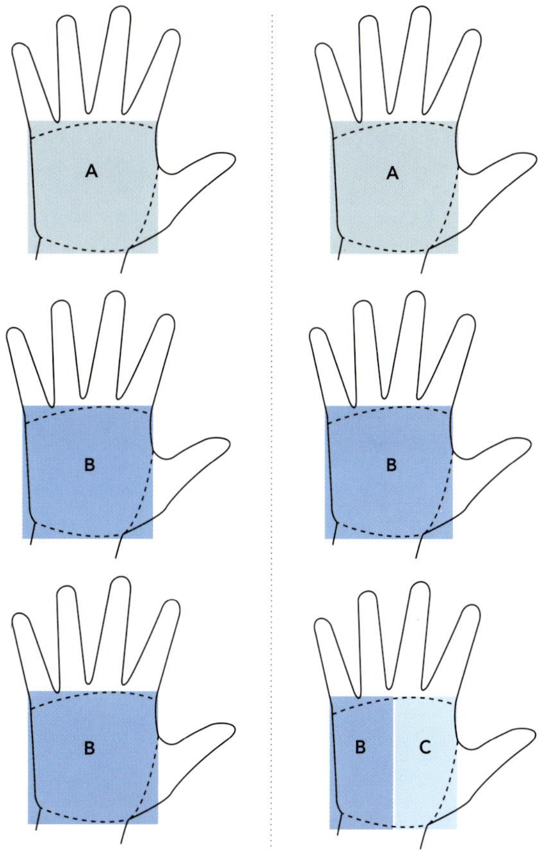

A *Protein*

B *niedrigglykkämische Kohlenhydrate (Gemüse und Hülsenfrüchte, die meisten Obstsorten)*

C *mittel- und hochglykämische Kohlenhydrate (z.B. Brot, Kartoffeln, Nudeln, Reis, Getreideprodukte, Süßspeisen, Käse oder Wein)*

Was kann ich essen?

Hülsenfrüchte

1 bis 3 Portionen pro Tag
1 Portion = 150 g

- Bohnen
- getrocknete Erbsen
- Kichererbsen
- Linsen

Gemüse

Unbegrenzte Menge

- Artischocken
- Auberginen
- Bambussprossen
- Blattsalat (z.B. Kopfsalat, Chicorée, Rucola)
- Blumenkohl
- Bohnensprossen
- Brokkoli
- Brunnenkresse
- Fenchel
- frische Erbsen
- Frühlingszwiebeln
- grüne Bohnen
- Gurke
- Kohl, alle Arten
- Lauch
- Pak Choi
- Paprikaschoten
- Radieschen
- Rosenkohl
- Spargel
- Spinat
- Stangensellerie
- Tomaten
- Zucchini
- Zwiebeln, Knoblauch

Obst

2 Portionen pro Tag
1 Portion = 1 ganze Frucht, außer bei anderen Angaben, oder 100 g Beeren, Kirschen oder Trauben

- Apfel
- Aprikose (3)
- Beeren, alle Arten
- Birne
- Granatapfel
- Grapefruit
- Kirschen
- Kiwi (1–2)
- Mandarine (2)
- Melone
- Nektarine
- Orange
- Passionsfrucht (2)
- Pfirsich
- Pflaume
- Trauben
- Wassermelone (bis zu 200 g pro Portion)

Eiweißquellen

3 bis 5 Portionen pro Tag, mindestens 1 davon aus Fisch bestehend
1 Portion = 90–200 g fertig zubereitet;
rund 120–180 g roh

- Eier (1 Portion = 2–3 ganze Eier oder 5 Eiweiß)
- Fisch (vorzugsweise fettiger Fisch), Schalentiere
- Hühner- oder Truthahnbrust
- Hüttenkäse (150 g pro Portion)
- mageres Fleisch {vom Lamm, Rind oder Schwein)
- Tofu (100 g pro Portion)
- Wild (Wildbret, Hase, Fasan etc.)

Wurzelgemüse

1 bis 2 Portionen pro Tag
1 Portion = 100 g gekocht, 200 g roh

- Karotte
- Knollensellerie
- Rote Beete
- Süßkartoffel
- Topinambur

Fettquellen

1 bis 3 EL pro Tag, auf sämtliche Mahlzeiten verteilt

- natives Olivenöl extra oder Rapsöl (Canolaöl)
- Sesamöl
- selbstgemachte Mayonnaise mit nativem Olivenöl extra
- eine halbe Avokado

Nüsse und Samen

1 bis 3 Portionen pro Tag
1 Portion = 15 g

- 10–12 Mandeln, Cashew-Nüsse, Erdnüsse oder Haselnüsse
- 6–8 Walnusshälften
- 4 Macadamia-Nüsse
- 2 Paranüsse
- 2 EL Sesam, Sonnenblumenkerne, Kürbiskerne oder Leinsamen

Milchprodukte

1 Portion pro Tag

- 125 g entrahmtes oder teilentrahmtes Joghurt natur (ungezuckert)
- 250 ml entrahmte oder teilentrahmte Milch
- 250 ml Sojamilch

Getreidewaren

1 Portion pro Tag
1 Portion = 100 g gekochtes Getreide, 3 EL Getreideflocken oder 1 Scheibe Vollkornbrot

- brauner Basmati-Reis
- Wildreis
- Haferflocken
- Gerste
- Couscous
- Quinoa
- Buchweizen
- faserstoffreiches Vollkorngetreide oder ungesüßtes Müsli (vorzugsweise ohne getrocknete Früchte)
- Vollkorn- oder mit Eiweiß angereicherte, niedrigglykämische Nudeln
- sehr dunkles Vollkornbrot (wie Pumpernickel) oder Soja- und Leinsamenbrot

Würzmittel

In unbegrenzter Menge

- Dijon-Senf
- Essig (alle Sorten)
- Kräuter
- Gewürze
- Chili
- Tabasco und andere scharfe Saucen
- Zitronen- und Limettensaft
- frisch geriebener Meerrettich

Getränke

In unbegrenzter Menge

- Wasser (mindestens 8 Gläser pro Tag)
- entkoffeinierter Kaffee oder entkoffeinierter Tee (mit Süßstoff, wenn gewünscht)
- grüner Tee

Mustermenüs

Dieser 2-Wochen-Menüplan zeigt exemplarisch, wie die GDD in der Praxis funktioniert. Streng befolgt werden muss er nicht; er sollte eher als Leitfaden dienen, um gängige Essgewohnheiten hinter sich zu lassen und sich einer gesünderen Lebensweise zuzuwenden. Vermutlich werden Sie diese Menüvorschläge Ihren Bedürfnissen anpassen müssen. In einem Büro ohne Kochgelegenheit etwa steht Ihnen nicht dieselbe Auswahl an warmen Mahlzeiten zur Verfügung wie zu Hause. Wenn Sie dagegen zu Hause arbeiten, haben Sie zum Mittagessen eine sehr viel größere Auswahl an warmen Mahlzeiten.

Die angegebenen Uhrzeiten für jede Mahlzeit sollen sicherstellen, dass Sie ausreichend oft etwas zu sich nehmen; stimmen Sie sie auf Ihren Tagesablauf ab.

Essgewohnheiten zu ändern, kann sich als schwierig erweisen; es ist also wichtig, im unmittelbaren Umfeld Beistand zu haben. Wenn Sie nicht selbst einkaufen oder kochen, ist es entscheidend, dass die Person, die zu Hause kocht, bereit ist, Ihnen zu helfen. Davon abgesehen kommt eine gesunde Ernährung natürlich der ganzen Familie zugute!

Die nachstehenden Tipps können Ihnen helfen, diese Menüpläne entweder auf Ihre Bedürfnisse abzustimmen oder sich unter Beibehaltung der Grundzüge der Diät eigene auszudenken.

- Im Voraus zu kochen, ist eine wunderbare Art, Zeit und Energie zu sparen. Immer, wenn Sie etwas kochen, das gekühlt oder tiefgefroren werden kann, machen Sie eine Extraportion für später, entweder als Mittagessen oder als Hauptgang für Abende, an denen Sie keine Zeit oder Muße zum Kochen haben. Es gibt kaum eine größere Erleichterung, als nach einem langen Tag nach Hause zu kommen und ohne viel Aufwand ein gesundes, selbstgemachtes Essen bereitstehen zu haben. Die Menüpläne auf den folgenden Seiten beinhalten mehrere Suppen und Hauptgerichte, die im Voraus zubereitet werden können; sie sind mit einem Stern gekennzeichnet.
- Die angegebenen Mengen sind lediglich als Richtwert zu verstehen. Sie können sie nach Belieben erhöhen, so dass Sie ein angenehmes Sättigungsgefühl haben. Stellen Sie aber sicher, dass jede Mahlzeit ausgewogen ist, entsprechend den AB- oder ABC-Rationen auf dem Modellteller (s. Seite 21).
- Abwechslung ist das A und O. Gedankenlos Tag für Tag das Gleiche zu essen, ist ein sicherer Weg in die Gewichtszunahme, und Diäten, die die Nahrungsauswahl einschränken, kann man schwerlich über längere Zeit einhalten. Außerdem wirken viele Vitamine und Mineralien am besten in Kombination mit anderen Spurenelementen.
- Sorgen Sie dafür, dass Sie mit jeder Mahlzeit proteinreiche Lebensmittel zu sich nehmen (Fisch, Geflügel, Eier, Milch, Hüttenkäse, Joghurt, Tofu), um eine ideale glykämische Wirkung zu erzielen.
- Hüttenkäse, Frischkäse und Quark sind gute Eiweißquellen mit geringem Fettanteil. Frische Beeren, gehackte Nüsse, Gewürze und frische Kräuter sorgen zusätzlich für Abwechslung.
- Eine weitere wertvolle Eiweißquelle ist Naturjoghurt. Zur Gewichtsreduzierung nehmen Sie entrahmtes Naturjoghurt, es schmeckt genauso gut wie normales. Vermeiden Sie Fruchtjoghurt, denn es enthält meistens viel Zucker; nehmen Sie, sofern erhältlich, die zuckerfreie Variante.
- Ein Spritzer frischer Zitronensaft über gekochtem Gemüse, Salaten, Fisch und Schalentieren und zu manchen Geflügel- und Fleischgerichten verringert den glykämischen Effekt und verleiht einen herrlich frischen, mediterranen Geschmack.
- Ein Teelöffel Leinsamenöl vor dem Essen macht die meisten Mahlzeiten bekömmlicher; Sie führen ihrem Körper damit Omega-3-Fettsäuren zu und reduzieren den glykämischen Effekt des Essens.

Menüplan 1. Woche

	Frühstück 7.00 Uhr	Zwischenmahlzeit 10.00 Uhr
Montag	1 kleine Schüssel ungesüßtes Müsli (C) 1 EL gemahlener Leinsamen 250 ml entrahmte Milch 100 g Beeren	100–150 g Hüttenkäse 1 EL Kürbiskerne
Dienstag	2 Rühreier Pilze (mit 1 TL Olivenöl gegart)	125 g Naturjoghurt 100 g frische Beeren
Mittwoch	1 kleine Schüssel gemischter Obstsalat 125 g Naturjoghurt 2 EL gemischte gehackte Nüsse	100–150 g Hüttenkäse 75 g Garnelen Dill
Donnerstag	2 gekochte Eier 1 Scheibe Soja- und Leinsamenbrot (C) 1–2 EL Hüttenkäse 1 Pfirsich oder 1 Nektarine	1 Apfel 10 Mandeln
Freitag	1 kleine Schüssel Porridge 1 EL gemahlener Leinsamen 1 geriebener Apfel	125 g Naturjoghurt 1–2 EL Sonnenblumen- oder Kürbiskerne 1 Birne
Samstag	1/2 kleine gelbfleischige Melone 1 Scheibe Pumpernickel (C) 2–3 EL Hüttenkäse 150 g Garnelen	1 Kiwi 10 Haselnüsse
Sonntag	1/2–1 Grapefruit 2 Eier (in 1 TL Olivenöl gegart) 100–150 g geräucherte Makrele 1–2 gegrillte Tomaten	1 Apfel 2 Paranüsse

Die in Klammern angebenen Zahlen beziehen sich auf die Seitenzahlen im Rezeptteil.
(C) ist ein Vorschlag für die C-Ration Ihres ABC-Belohnungsessens.
* zeigt an, dass man das Gericht im Voraus zubereiten kann.

Mittagessen 12.00 Uhr	Zwischenmahlzeit 16.00 Uhr	Abendessen 19.00 Uhr
00–200 g gegrillte Hühner- oder Truthahnbrust emischter Blattsalat mit Artischockenherzen, Oliven und 1 EL geriebenem Parmesan	1 Birne 10 Mandeln	Humus und Rohkost *Lachsküchlein (94) rührgebratenes grünes Gemüse
00–150 g geräucherte Makrele ucola- und Avokadosalat Scheibe Pumpernickel (C)	100 g Trauben 2 Paranüsse	Salat mit Hühnchen, Walnuss und roten Bohnen (77)
Griechische Gemüsesuppe (60)	2–3 TL ungesalzene Erdnussbutter Stangenselleriestreifen	Gegrillte Forelle Nudelsalat mit Avokado und Zucchini (C) (80) grüner Salat
ardinen in Olivenöl aus der Konserve mit klein geschnittener roter Paprikaschote, Stangensellerie, Frühlingszwiebeln, Zitronensaft und 1 TL Mayonnaise auf Friséesalat	125 g Naturjoghurt 4 Walnusshälften 30–40 g dunkle Vollmilchschokolade (70 % Kakaobestandteile)	100–200 g gekochter Schinken oder Truthahnfleisch Tomatensalat mit Bohnen und Basilikum (77) Brunnenkressesalat
Marinierte Garnelen (94) emischter grüner Salat	100–150 g Hüttenkäse 4 Kirschtomaten frisches Basilikum	*Kichererbsen, in Eierteig gebacken (137) Griechischer Salat (82)
liesmuscheln mit weißen Bohnen und Oliven (89) edämpfte grüne Bohnen	Auberginenpüree Rohkost aus Karotten und roter Paprikaschote	*Gefüllte Paprikaschoten (122) grüner Salat mit Vinaigrette Himbeer-Joghurt-Sorbet (150)
Pilzsuppe mit Ziegenkäse (64)	8 Oliven 10 Mandeln	*Schweineschmortopf mit Kichererbsen und Orange (120) 100 g gekochtes Couscous (C) gedämpfter Brokkoli und zarte Stangenbohnen

Menüplan 2. Woche

	Frühstück 7.00 Uhr	Zwischenmahlzeit 10.00 Uhr
Montag	3 EL Weizenkleie (C) 1 EL gemahlener Leinsamen 250 ml entrahmte Milch 1/2–1 Grapefruit	100–150 g Hüttenkäse klein gehackte rote Paprikaschote, Karotte und Zucchini
Dienstag	2 Rühreier 50 g geräucherter Lachs Kirschtomaten 1 Kiwi	1 Apfel 2 Paranüsse
Mittwoch	1 kleine Schüssel gemischter Obstsalat 125 g Naturjoghurt 2 EL gehackte Nüsse	geraspelte Karotte 1 EL Sonnenblumenkerne oder Sesamsamen 1 TL Oliven- oder Sesamöl
Donnerstag	3 EL ungesüßtes Müsli (C) 1 EL Sonnenblumenkerne 250 ml entrahmte Milch 100 g Beeren	2–3 TL ungesalzene Erdnussbutter Stangenselleriestreifen
Freitag	3 Scheiben Schinken 2 pochierte Eier gebratene Pilze	100 g Trauben 2 Paranüsse
Samstag	1 kleine Schüssel Porridge (C) 1 EL gemahlener Leinsamen 1 Kiwi 125 g Naturjoghurt	125 g Hüttenkäse 100 g Beeren
Sonntag	2 Eier (in 1 TL Olivenöl gegart) 2 Scheiben magerer Schinken 1–2 gegrillte Tomaten	1 Birne 6–8 Walnusshälften

Mittagessen 12.00 Uhr	Zwischenmahlzeit 16.00 Uhr	Abendessen 19.00 Uhr
Schweinegeschmorenes mit Kichererbsen und Orange (120)	100 g Trauben 100 g Mandeln	*Sardinen in Zitronenmarinade (96) Salat mit Brunnenkresse, Tomaten und Avokado
Pilzsuppe mit Ziegenkäse (64)	2–3 TL ungesalzene Erdnussbutter Karottenstreifen	Hühnerkebab mit frischen Kräutern (109) Basmati-Reis mit Nüssen (C) (145) Tomatensalat mit Bohnen und Basilikum (77) grüner Salat
'hunfischsalat mit Kichererbsen und Avokado (74)	100–150 g Hüttenkäse 4 Kirschtomaten	Fleischmischung für *Gefüllte Paprika (122) 100 g gekochte Nudeln (C) gemischtes gedünstetes Gemüse
50 g Garnelen, vermengt mit 1 EL Frischkäse, 1 TL Tomatenmark, Zitronensaft und Koriander runnenkressesalat	1 Orange 4 Cashewkerne	100–200 g gegrillte Hühner- oder Truthahnbrust Schwarze Bohnen mit Kräutern (41) Zucchini-Pilzgratin (129)
'omatensalat mit Mungbohnen (142) Orange oder 2 Satsumas	2–3 EL Humus Rohkost aus Blumenkohl, Karotte und roter Paprikaschote	Schwertfisch mit Walnuss-Knoblauchsauce (98) gedünstete grüne Bohnen 100 g gekochter brauner Reis
Lachsküchlein (94) rüner Salat mit Avokado	8 Oliven 10 Mandeln	Fenchel-Zucchini-Omelette (131) Puy-Linsen in Rotwein (141)
Weiße Bohnen mit Tomaten (140) 00–150 g gegrillte Garnelen	Tzatziki (87) Karotten- und Selleriestreifen	*Lammfleisch mit Aprikosen und Mandeln (118) Quinoa-Pilaf mit Kräutern (C) (144) gedünsteter Spinat Gebackene Äpfel mit Vanillesauce (154)

Zutaten für eine gute Gesundheit

Der menschliche Organismus besteht aus über 100 Trillionen Zellen, und in jeder davon finden unser Leben lang, Sekunde für Sekunde, Tausende biochemischer Reaktionen statt, auf die die Ernährung Einfluss hat.

Leider beziehen wir aus den modernen, hochverarbeiteten Lebensmitteln nur noch selten alles, was wir brauchen, um wirklich gesund zu sein. Sie liefern die nötige Energie, um uns am Leben zu erhalten, doch lassen sie im Hinblick auf eine optimale Gesundheit und Vitalität viele Wünsche offen. Vieles von dem, was wir essen, enthält leere, nutzlose Kalorien und besteht aus Zutaten, die bis zur Unkenntlichkeit weiterverarbeitet wurden.

Unsere Lebenskraft und die Fähigkeit, die eigene Gesundheit zu erhalten, hängen zur Gänze von unserem Lebensstil und unserer Ernährungsweise ab. Wir brauchen Essen, das uns nährt und nicht nur Energie liefert, auf das wir uns freuen im Sinne eines genussreichen Bestandteils des Lebens, das der Familie und dem Sozialleben gut tut. Essen sollte aufregend und kreativ sein. Auf der Grundlage der gesunden und wohlschmeckenden Zutaten und Rezepte der GDD wird gutes Essen selbstverständlicher.

Im vorangegangenen Kapitel habe ich das ABC-System der GDD erläutert und ein paar Hinweise dazu gegeben, was man essen sollte. Nachfolgend nehme ich diese Lebensmittel etwas genauer unter die Lupe und beginne mit der A-Ration der Diät, bestehend aus eiweißreichen Lebensmitteln wie Fisch, Geflügel, Fleisch, Wild, Eiern und Milchprodukten.

Protein

Protein ist bei der GDD außerordentlich wichtig, denn es regt die Produktion des stoffwechselfördernden Hormons Glukagon an. Letzteres reguliert die Produktion von Insulin, was den Blutzucker stabilisiert. Ganz allgemein verringert Protein den glykämischen Effekt einer Mahlzeit, was insbesondere für Menschen mit Übergewicht und Diabetes entscheidend ist.

Den Großteil an Proteinen beziehen die meisten Menschen aus Fisch und Schalentieren, Huhn und sonstigem Geflügel, verschiedenen Arten von Fleisch, Eiern, Milchprodukten, Nüssen und Hülsenfrüchten, insbesondere Sojabohnenerzeugnissen. Proteine bestehen aus 20 Aminosäuren, von denen neun nicht vom Körper produziert werden können und über die Nahrung aufgenommen werden müssen. Nicht alle Eiweißmahlzeiten aber sind gleichwertig: Sie enthalten unterschiedliche Mengen an Aminosäuren. Die beste Mischung an Aminosäuren stammt aus tierischen Quellen wie Fleisch, Fisch, Geflügel und Eiern.

Viele Gemüse- und Getreidearten enthalten Protein, doch fehlen den meisten pflanzlichen Eiweißquellen eine und zum Teil sogar mehrere Aminosäuren. Will man also den gesamten Eiweißbedarf auf diese Weise abdecken, muss man unvollständige Proteinquellen miteinander kombinieren, etwa Hülsenfrüchte und Getreide. Eine Ausnahme bilden Sojabohnen, die eine vollständige und ausgewogene Mischung an essentiellen Aminosäuren enthalten und daher für Vegetarier wie für Fleischesser gleichermaßen wertvolles, gesundes Eiweiß liefern. Spirulina (eine Algenart) ist eine weitere gute Proteinquelle aus der Pflanzenwelt.

Wer Fisch, Schalentiere und Fleisch zu sich nimmt, hat eine weitaus größere Auswahl an Proteinen zur Verfügung; nicht alle aber sind gleichermaßen gesund.

Fisch und Schalentiere

Auf der Suche nach einer gesunden Eiweißquelle sind, stehen Fisch und Schalentiere an oberster Stelle. Letztere enthalten eine Vielzahl von Vitaminen und Mineralien, insbesondere Vitamin B und Mineralien wie Selen, Jod, Zink, Phosphor und Kupfer. Jod ist wichtig für die körpereigene Produktion des Hormons Thyroxin, das stoffwechselfördernd wirkt. Schalentiere sind eine besonders gute Quelle für Zink und Selen, Austern die vielleicht beste Zinkquelle, die die Natur zu bieten hat. Zink ist unverzichtbar für ein starkes Immunsystem, für Zellwachstum und -regeneration, die Gehirntätigkeit, das Augenlicht und die Fortpflanzung (Spermenbeweglichkeit und Potenz).

Fetthaltiger Fisch wie Lachs, Forelle, Makrele, Sardine und Thunfisch enthält essentielle Omega-3-Fettsäuren und ist gleichzeitig eine gute Quelle für die fettlöslichen Vitamine A, D und E. Die überaus wertvollen Omega-3-Fettsäuren verringern die Triglyzeride (Fettanteile im Blut) und fördern die Insulinsensitivität, was zu einem niedrigeren Insulingehalt im Blut und einer geringeren Insulinresistenz führt; beides senkt den Blutdruck und beugt Herzerkrankungen vor. Omega-3-Fettsäuren haben auch eine Reihe anderer günstiger Wirkungen, denn sie sind einerseits Bestandteil der Zellstruktur sämtlicher Körperzellen und andererseits an der Bildung entzündungshemmender Substanzen beteiligt.

Vor allem Fisch und Schalentiere sollte man mindestens zweimal die Woche verzehren? So oft es geht, mindestens aber zweimal die Woche, vor allem fettigen Fisch. Einziger Vorbehalt: Größere fetthaltige Fische wie Thunfisch und Schwertfisch sollten wegen der möglicherweise in stärkerem Maße angereichterten Schwermetalle wie Quecksilber nur in Maßen verzehrt werden. Kleinere Fische wie Sardinen sind davon mit großer Wahrscheinlichkeit weniger betroffen. Schwangere sollten Hai, Marlin und Schwertfisch meiden und den Verzehr von frischem und Dosenthunfisch einschränken. Für sie ist ratsam, viel weißen Fisch zu essen und die Omega-3-Fettsäuren aus hochwertigen, nahrungsergänzenden Substanzen zu beziehen.

Variieren Sie Ihre Fischauswahl und lassen Sie Schalentiere dabei nicht außer Acht: Garnelen, Langusten, Muscheln wie Miesmuscheln oder Tintenfisch schmecken vorzüglich und sind schnell gemacht. Schalentiere galten früher als Cholesterintreiber, doch ist diese These mittlerweile wissenschaftlich widerlegt.

Wählen Sie bei Fischkonserven Produkte, die in Olivenöl oder Quellwasser, nicht aber in Sonnenblumen- oder einem anderen Pflanzenöl eingelegt sind.

Huhn und sonstiges Geflügel

Einer der großen Vorzüge aller Geflügelarten besteht darin, dass zwischen 50 und 85 % der Fettmasse in der Haut enthalten sind; das Fleisch selbst ist mager. Geflügel enthält sehr hochwertiges Protein, viel Vitamin B und ist reich an Zink, Magnesium und Eisen. Die dunkleren Teile, wie etwa die Beine, sind eisenhaltiger als die hellen, die wiederum viel Magnesium enthalten.

Am magersten ist Truthahn- oder Putenfleisch, das unbedingt bei niedriger Temperatur gegart werden muss, damit es saftig bleibt. So erhält man ein köstliches Gericht, dass auch ohne fette Sauce zum Ausgleich für trockenes Fleisch auskommt.

Schwein, Kalb, Speck und Schinken

Schwein und Kalb sind gute Eiweißquellen, sofern man magere Stücke aussucht, wie Filet (Lende), Medaillon oder Schnitzel, und alles sichtbare Fett entfernt. Beide Fleischarten sind ernährungsphysiologisch ausgesprochen wertvoll und enthalten beträchtliche Mengen an Mineralien wie Kalium, Zink und Phosphor. Schweinefleisch ist besonders reich an Vitamin B1 (Thiamin), B12 und Eisen (Eisen tierischer Herkunft wird vom Körper fünfmal besser aufgenommen als das pflanzlicher Herkunft); Kalbfleisch ist eine gute Quelle für Vitamine der B-Gruppe sowie Folsäure.

Bei mageren Teilen vom Kalb oder Schwein sollte man also unbedingt vorsorgen. In Olivenöl und Zitronensaft mariniert – wenn gewünscht, auch mit Knoblauch und Kräutern –, ergeben sie ein schmackhaftes und saftiges Gericht. Man kann das Fleisch auch bei niedriger Temperatur in Olivenöl braten.

Wenn Sie Speck mögen, nehmen Sie eher mageren als durchwachsenen, entfernen das Fett vor dem Kochen und genießen ihn lieber ab und zu anstatt täglich.

43

Rind und Lamm

Dieses rote Fleisch ist kein typischer Bestandteil traditioneller, gesunder Ernährung im Mittelmeerraum. Es wurde vor allem bei besonderen Anlässen aufgetragen.

Was bei rotem Fleisch früher bedenklich stimmte, war der Gehalt an gesättigten Fetten. Ein Übermaß davon in Kombination mit mangelnder Bewegung trägt zu einem höheren LDL-Cholesterin (dem »schlechten« Cholesterin) im Blut bei. LDL-Cholesterin kann an defekten Stellen der Arterienwand Ablagerungen bilden, die Schädigungen herbeiführen (Oxydation). Rauchen, Stress, eine geringe Zufuhr von Antioxydantien (enthalten vor allem in Gemüse, Nüssen, Hülsenfrüchten, Obst und Beeren) und eine hohe Zufuhr hochglykämischer Kohlenhydrate fördern nachgewiesenermaßen die Oxydation im Körper. Ein hoher Cholesterinspiegel allein ist wahrscheinlich nicht ausschlaggebend für die Entstehung von Herzkrankheiten. Erst wenn LDL-Cholesterin oxydiert, kann es zu Herzkrankheiten führen. Weitaus schädlicher als gesättigte Fettsäuren sind allerdings gehärtete Fette (enthalten in Margarine, und vielen Fertiggerichten, von Cerealien über Suppen bis hin zu Kuchen, Keksen, Pasteten und Teigwaren).

Rotes Fleisch gehört also nicht zu den Lebensmitteln, die man unbedingt meiden muss. Abgesehen von seinem Gehalt an gesättigten Fettsäuren gibt es jedoch einen weiteren Grund, es nicht allzu oft zu verzehren. Gesättigtes Fett in rotem Fleisch (sowie auch in Eigelb) enthält Arachidonsäure, eine Omega-6-Fettsäure. Ein Zuviel an dieser Fettsäure begünstigt die Bildung entzündungsfördernder Substanzen, die zu Bluthochdruck, verstärkter Blutgerinnungsneigung und erhöhtem Thromboserisiko sowie zu diversen Entzündungszuständen führen können, wie chronischer Müdigkeit, Arthritis und schuppiger Haut.

Natürlich aber gibt es über rotes Fleisch auch Positives zu sagen. Es schmeckt hervorragend und enthält hochwertiges Protein, Vitamin B und wichtige Mineralien wie Eisen und Zink. Ich persönlich bevorzuge die besten, magersten Stücke wie Rinderfilet oder Lammschlegel.

Wenn ich Hackfleisch benötige, suche ich immer ein hochwertiges Stück aus und bitte den Metzger, es für mich zu zerkleinern. Abgepacktes Hackfleisch kann viel Fett enthalten (oder auch teuer bezahltes Eiswasser).

Eine rote Fleischsorte, an die man möglicherweise nicht auf Anhieb denkt, ist Straußenfleisch. Es ist sehr schmackhaft und ausgesprochen mager. Geschmacklich bewegt es sich zwischen Rind- und Lammfleisch; sein Fettgehalt entspricht dem von Wild.

Wild

Wild gehört zum gesündesten Fleisch überhaupt. Es hat einen geringen Fett- und einen hohen Eisengehalt, und bei einem Exemplar aus freier Wildbahn kann man sicher sein, dass es entschieden besser ernährt war als die Mehrzahl aller Hühner, Kühe und Schweine.

Daneben enthält das Fett, verglichen mit normalem roten Fleisch, einen etwas höheren Anteil an Omega-3-Fettsäuren.

Hasen und Wildkaninchen und auch Wildvögel wie Fasan, Rebhuhn und Wildente sind eine gute Eiweißquelle, wenn auch nicht ohne weiteres erhältlich. Jungvögel kommen mit einer kurzen Garzeit aus, ältere dagegen sind etwas zäher und müssen langsam im Ofen gegart oder in einem Bratentopf geschmort werden.

Eier

Eier jeder Art sind eine wertvolle Proteinquelle, und Eier von freilaufendem Geflügel enthalten noch viele andere Nährstoffe, darunter auch Vitamin B12. Wie bei anderen Tieren auch, hängt der Nährstoffgehalt vom Futter ab. Das gilt insbesondere für die Qualität des Fettes. Wenn die Tiere mit ihrer normalen Nahrung keine Omega-3-Fettsäuren aufnehmen konnten, wird davon auch nur wenig im Eigelb enthalten sein. Achten Sie beim Einkauf auf Eier von freilaufenden Hühnern eines Bauernhofes in Ihrer Nähe.

Eine Zeit lang galt der Cholesteringehalt von Eiern als bedenklich. Mehrere Studien haben jetzt allerdings belegt, dass der Verzehr von Eiern keinen Einfluss auf den Cholesterinspiegel im Blut hat. Eier enthalten, wie das oben erwähnte Rindfleisch auch, die Fettsäure Arachidon. Zu viel davon im Blut kann vor allem bei empfindlichen Personen Beschwerden verursachen.

Milchprodukte

Milchprodukte sind für die Gesundheit zwar nicht unverzichtbar, liefern aber hochwertiges Protein und mehrere wichtige Vitamine und Mineralien, darunter auch Vitamin B und Kalzium. Einige Milchprodukte enthalten allerdings auch viele gesättigte Fettsäuren. Bei Milchprodukten wählt man am besten naturbelassenes, ungesüßtes Joghurt und Hüttenkäse Alternativ zu Hüttenkäse kann man auch Frischkäse und Quark verwenden; sie enthalten wenig gesättigte Fettsäuren. Wichtig ist, ungezuckerte Produkte ohne Fruchtzubereitung zu nehmen.

Insgesamt sollte man sehr fetten Käse meiden. Allerdings empfehle ich stattdessen auch keine weiterverarbeiteten, fettreduzierten Varianten. Wenn Sie Käseliebhaber sind, gönnen Sie sich hin und wieder ein Stück fetten Käse zusammen mit Obst oder Salat und ohne hochglykämische Kohlenhydrate. Ich gebe ein wenig Feta und Parmesan in Salat und zu gegartem Gemüse. Diese geschmacksintensiven Sorten entfalten auch in kleinen Mengen ihr volles Aroma.

Milch enthält viel Milchzucker (Laktose) und sättigt nicht in dem Maße wie feste Milchprodukte. Wenn Sie gern Milch trinken, nehmen Sie entrahmte oder teilentrahmte Milch oder probieren Sie einmal Sojamilch, eine gute Alternative zu Molkereimilch.

Nüsse und Samen

Auch wenn Sie nur selten welche essen: Nüsse und Samen sind ein ausgesprochen nahrhaftes und natürliches Lebensmittel für den Menschen. Außer mit Eiweiß versorgen sie den Körper mit gesundem Fett und einer Reihe von Vitaminen und Mineralien, allen voran Zink, Kalzium und Magnesium. Am meisten Eiweiß enthalten Mandeln, Cashew- und Erdnüsse (sie bestehen zu rund 20 % aus Protein, ähnlich wie Fisch, Geflügel und Fleisch), gefolgt von Paranüssen, Haselnüssen, Pinienkernen und Walnüssen.

Frische rohe Nüsse sind die beste Wahl. Geröstete und gesalzene Nüsse und Samen werden in der Regel bei hohen Temperaturen verarbeitet, so dass das darin enthaltene Fett der Gesundheit nicht in dem Maße zuträglich ist; häufig sind sie auch übersalzen. Nüsse und Samen sind eine hervorragende Zwischenmahlzeit, ohne alles oder auch mit Obst oder Joghurt. Auch Erdnussbutter bietet sich an; in vielen Läden bekommt man inzwischen auch Cashew-, Mandel- und anderes Nussmus. Wählen Sie Marken ohne Zucker- oder Salzzusatz.

Sojabohnen

Von allen Bohnenarten enthalten sie am meisten Protein – daher sind sie hier aufgeführt und nicht in der Rubrik der niedrigglykämischen Kohlenhydrate. Sojabohnen und Produkte aus Sojaprotein wie Tofu enthalten Isoflavone, die das LDL-Cholesterin angeblich senken. Sie schützen auch vor Oxydation, einem Prozess, der nach Ansicht vieler Fachleute eher Herzerkrankungen verursacht als ein erhöhter LDL-Cholesterinwert.

Sojabohnen sind nicht ohne weiteres aufzutreiben, mitunter findet man sie auch unter der Bezeichnung »Edamame«, das sind die jungen, grünen Sojabohnen in der Schote. Leichter erhältlich sind Sojabohnenerzeugnisse. Halten Sie sich lieber an Tofu, Tempeh und Sojamilch als an hochverarbeitete Fleischersatzprodukte.

Eiweißreiche Nudeln und Energieriegel

Inzwischen sind eiweißreiche getrocknete Nudeln mit einem Proteinanteil von 50 % im Handel erhältlich (normale Nudeln haben rund 10 %). Nudeln mit hohem Eiweißanteil haben eine gummiartige Struktur, aber manche Marken mit einem Eiweißanteil von 25–30 % schmecken fast genauso wie normale Nudeln. In der Regel sind sie mit Sojaprotein angereichert und haben einen niedrigeren GL als normale Nudelwaren, so dass sie sich besonders für Menschen mit Übergewicht oder Diabetes eignen.

Energieriegel sind ein gängigeres Produkt und können ein sinnvolles Substitut für Menschen sein, die sich aus Zeitmangel keine eiweißreiche Zwischenmahlzeit zubereiten können. Für die tägliche Ernährung sind sie allerdings nicht gedacht.

Niedrigglykämische Kohlenhydrate

Sie sind die B-Ration auf Ihrem Teller, wie auf Seite 21 beschrieben. Niedrigglykämische Kohlenhydrate sind vor allem Gemüse, Hülsenfrüchte (die auch eine gute Eiweißquelle sind) und Obst mit niedrigem GL (manche Obstsorten haben einen mittleren GL).

Wie wir inzwischen wissen, stimulieren Kohlenhydrate in der Nahrung die Ausschüttung von Insulin in unterschiedlichem Maße. Ziel der GDD ist es, die Insulinbildung bei stabilem Blutzucker niedrig zu halten. Dadurch wird der durchschnittliche Insulinwert gesenkt und die Fettverbrennung erhöht. Zu diesem Ergebnis gelangt man allerdings nicht, indem man Kohlenhydrate ganz weglässt – was der Gesundheit auch nicht zuträglich wäre –, sondern indem man sich in der Hauptsache auf niedrigglykämische Kohlenhydrate beschränkt.

Als Faustregel gilt: Je weniger Bewegung man hat und je übergewichtiger oder insulinresistenter man ist, desto weniger Kohlenhydrate sollte man zu sich nehmen. Allein mit Gemüse, Hülsenfrüchten und niedrigglykämischem Obst wird man schwerlich zu viel Kohlenhydrate zu sich nehmen, was mit Zucker und hochglykämischen Lebensmitteln wie Brot, Kartoffeln, Nudeln, Reis und Mehlprodukten indes ein Leichtes ist. Wenn Sie übergewichtig sind, sollten Sie mehr Gemüse und Hülsenfrüchte verzehren.

Gemüse

Gemüse ist unverzichtbar für eine gute Gesundheit und unterstützt die Gewichtsabnahme. Die darin enthaltenen löslichen Faserstoffe sorgen dafür, dass die Kohlenhydrate langsam absorbiert und nach und nach in Blutzucker umgewandelt werden. Die unlöslichen Faserstoffe im Gemüse steigern das Essensvolumen und damit das Sättigungsgefühl. Mit dieser Kombination aus löslichen und unlöslichen Fasern kontrollieren Sie Ihren Blutzuckerwert und dämmen das Hungergefühl ein.

Gemüse besteht allerdings aus noch sehr viel mehr als nur Faserstoffen. Es enthält viele Antioxydantien und pflanzliche Substanzen, die Schutz gegen diverse Krankheiten bieten. Dunkelgrünes Gemüse etwa, wie Brokkoli, Grünkohl, Rosenkohl, Paprika, aber auch Tomaten schützen gegen Krebs, was in ähnlicher Weise auch für Zwiebelgewächse (Knoblauch, Zwiebeln, Frühlingszwiebeln, Lauch, Schnittlauch) gilt, die zudem cholesterin- und blutdrucksenkend wirken.

Der beste Schutz gegen Krankheiten ist ein mit frischem Gemüse gefüllter Kühlschrank. Nicht außer Acht lassen sollte man allerdings auch tiefgefrorenes Gemüse. Es ist ein wertvoller Nährstofflieferant und enthält häufig mehr Vitamine als das frisch erhältliche Äquivalent. Einige Lebensmittelkonserven bieten sich ebenfalls an: Dosentomaten dürfen in keiner Küche fehlen, und ausgefallenere Gemüsesorten wie Artischockenherzen sind bequem zuzubereiten und schmecken köstlich mit etwas Zitronensaft und Olivenöl.

Beim Garen von Gemüse sollte man behutsam vorgehen: Das Kochen in Wasser ist nicht ideal, weil viele wasserlösliche Vitamine und Spurenelemente sich mit dem Kochwasser verflüchtigen. Sehr viel schonender ist das Dämpfen. Auch sollte man so oft wie möglich Salat und rohes Gemüse verzehren.

Hülsenfrüchte

Bohnen, Linsen und Kichererbsen sind eine geeignete Ergänzung bei jeder Ernährung und ganz gewiss nicht nur für Vegetarier. Wenn man erst den Entschluss gefasst hat, seinen Verzehr an Kartoffeln, Reis und Nudeln drastisch einzuschränken, gewinnen Hülsenfrüchte schlagartig an Bedeutung. Die niedrigglykämischen Lebensmittel enthalten viel Protein, Faserstoffe, Vitamine, Mineralien und gesunde Fettsäuren.

Dass sie das LDL-Cholesterin und die Triglyzeride im Blut senken und das »gute« HDL-Cholesterin erhöhen, ist belegt. Sie schützen vor Krebs und sind reich an Kalzium und Eisen. Darüber hinaus sind sie die beste Quelle für lösliche Faserstoffe überhaupt: Diese verstärken das Sättigungsgefühl und unterstützen die Stabilisierung des Blutzuckerwerts. Die einst als »Arme-Leute-Essen« diskreditierten Hülsenfrüchte sind zudem großartige Nährstofflieferanten.

Man kann unter den unterschiedlichsten getrockneten oder konservierten Bohnen und Linsen wählen. Wenn man Bohnen einweicht, sollte man gleich eine größere Portion zubereiten, da sie sich mehrere Tage im Kühlschrank halten und auch problemlos einfrieren lassen. Getrocknete Linsen müssen nicht eingeweicht, aber 20–30 Minuten lang gekocht werden.

Obst

Die meisten Obstsorten haben eine geringe glykämische Wirkung, zum einen wegen ihres hohen Fasergehalts und zum anderen, weil die natürliche Fruchtsüße von der Fruktose herrührt. Fruktose oder Fruchtzucker hat einen sehr niedrigen GI von 19 – weitaus geringer als der von Saccharose (Haushaltszucker), dessen GI bei 68 liegt. Kirschen und Grapefruit haben einen besonders niedrigen GI; der von Pflaumen, Pfirsichen, Birnen, Äpfeln, Orangen, Trauben, Erdbeeren und anderen Beeren ist ebenfalls gering. Bananen und einige tropische Früchte haben einen leicht höheren glykämischen Effekt; man sollte sie folglich nicht allzu häufig verzehren.

Es empfiehlt sich, mehr Gemüse als Obst zu essen, doch ist Obst nicht weniger wichtig für eine ausgewogene Ernährung. Es liefert Faserstoffe und Vitamine, Mineralien und andere Antioxydantien. Orangen enthalten viel Kalium, Folsäure und Vitamin C. Einen noch höheren Vitamin-C-Gehalt weisen Erdbeeren, Himbeeren und Kiwi auf, wohingegen Feigen eine gute Kalziumquelle sind. Mehrere pflanzliche Substanzen im Obst können krebsvorbeugend wirken. Den meisten Menschen schmecken Früchte. Frisches Obst dämpft den Heißhunger auf Süßes, ohne dass man dabei viel Fett oder Stärke aufnimmt. Die Kombination von Joghurt, Obst und Nüssen ist eine gesunde Zwischenmahlzeit.

Kohlenhydrate mit mittlerer und hoher glykämischer Wirkung

Kommen wir zu den Nahrungsmitteln der C-Ration des ABC-Belohnungsessens. Sie sollten in Maßen genossen werden, sind aber, insbesondere für Menschen mit Übergewicht, ein zentraler Bestandteil der Ernährung.

Brot

Brot ist ein bedeutender Bestandteil der Esskultur, – ein allzu bedeutsamer, könnte man einwenden, denn nicht selten wird es zu jeder Mahlzeit gereicht. Aber wie gesund ist es tatsächlich? Eigentlich sind Getreideprodukte für ein gesundes Leben durchaus verzichtbar, aber Vollkorngetreide enthält Protein, Faserstoffe, Vitamine und Mineralien und trägt von daher zu einer vorteilhaften Ernährung bei, solange es den Speiseplan nicht dominiert und an die Stelle anderer Lebensmittel tritt. Das aber ist heutzutage der Fall. Getreidewaren wie Brot, Nudeln, Kuchen, Kekse und Frühstücksflocken machen einen Großteil unserer täglichen Ernährung aus. Diese Produkte enthalten viel Energie und Kohlenhydrate und – da sie oft aus raffiniertem Mehl gefertigt sind – wenig Faserstoffe, Proteine, Vitamine und Mineralien.

Ballaststoffe

Ballaststoffe (unverdauliche Kohlenhydrate) liefern zwar nur wenig Energie, spielen aber für die Gesundheit eine wichtige Rolle. Nahezu alle Ballaststoffe aus der Ernährung stammen aus Gemüse, Obst, Hülsenfrüchten, Körnern und Nüssen. Man unterscheidet im wesentlichen zwischen löslichen und unlöslichen Ballaststoffen. Erstere stellen die einwandfreie Verdauung von Lebensmitteln sicher und sorgen dafür, dass der Darm die Kohlenhydrate langsamer aufnimmt. Darüber hinaus senken sie den Cholesterinspiegel und sind probiotisch, dienen also der Darmpflege. Sie sind in Bohnen und Linsen, Haferflocken, Obst und Gemüse enthalten. Unlösliche Ballaststoffe, die vor allem in ganzen Körnern enthalten sind, erhöhen das Essensvolumen und unterstützen die Darmtätigkeit.

Die meisten Abendländler verzehren weit unter 20 g Ballaststoffe pro Tag; die empfohlene Menge liegt bei 30 g. Die Ballaststoffzufuhr kann man leicht erhöhen, indem man zwei Stück Obst und mindestens drei oder vier Portionen Gemüse am Tag isst; Bohnen und Linsen anstelle von Kartoffeln und Brot tragen das Ihre dazu bei. Eine Steigerung der Ballaststoffzufuhr erfordert auch eine erhöhte Flüssigkeitsaufnahme, um eine regelmäßige Darmtätigkeit zu gewährleisten.

Idealerweise sollten wir auf Brot und Getreide ganz verzichten, aber es wäre naiv zu denken, dass uns das gelingen könnte. Außerdem sind Brot und sonstige Backwaren sehr schmackhaft. Allerdings sollte man kleinere Mengen verzehren – und diese sorgfältig auswählen. Zum glykämischen Effekt tragen Brot und Mehlspeisen, entsprechend dem zur Herstellung verwendeten Mehl, in erheblichem Maße bei. Der GL von Brot pro 100 g variiert zwischen 30 und 50. Leider besteht das meiste zum Verkauf angebotene Brot zu über 80 % aus feinem Weizenmehl, was sehr kalorienreich, aber wenig nahrhaft ist.

Lassen Sie sich beim Brotkauf nicht von Bezeichnungen wie »dunkel« oder »Mehrkorn« täuschen. In der Regel enthalten diese Produkte vor allem raffiniertes Weizenmehl, der billigste Rohstoff überhaupt. Von der Farbe eines Brotes kann man nicht zwangsläufig darauf schließen, ob es sich um ein Vollkornprodukt handelt oder nicht. Mit einer ausreichenden Menge an Farbstoff wie etwa Malz kann man Weißmehlbrot herstellen, das fast schwarz ist. Und »Mehrkornbrot« muss überhaupt kein Vollkorn enthalten. Ausschlaggebend ist das Gewicht: Vollkornmehl ist schwerer als fein gemahlenes Mehl; je schwerer, desto grobkörniger ist ein Brot und desto niedriger fällt der GL aus.

Auch die Getreideart spielt eine Rolle. Roggen und Gerste haben einen niedrigeren GL als Weizen. Wenn man allerdings Weizenmehl bevorzugt, sollte man nach einem schweren Laib aus steingemahlenem Vollkornmehl Ausschau halten. Alternativ dazu erhält man möglicherweise auch ein Brot aus Dinkel, einer alten Weizenart, die sich in den vergangenen Jahren wachsender Beliebtheit erfreut. Dinkel hat in etwa denselben GL wie Weizenvollkorn und liegt damit vergleichsweise hoch, doch enthält er etwas mehr Protein, Faserstoffe, Vitamine und Mineralien. Auch scheint er für Personen mit einer Weizenunverträglichkeit bekömmlicher zu sein.

Nüsse und Samen wie Sonnenblumen- und Kürbiskerne oder Leinsamen verringern den GL eben-

Süße Gefahren

Natürlich ist Süßes bei einer gesunden Ernährung nicht grundsätzlich verboten. Entscheidend ist, was genau süß macht. Zucker kommt als natürlicher Bestandteil der Zellstruktur in vielen Lebensmitteln vor, vorwiegend in Obst und Gemüse. Viele heutige Gesundheitsprobleme sind jedoch auf sogenannte Zuckerzusätze zurückzuführen (Haushaltszucker, Demerara, Rohrzucker, Muscovado), wie sie in Fruchtsäften, Gebäck, Konfekt und Fertiggerichten enthalten sind. Wenn man abnehmen oder seinen Blutzuckerspiegel konstant halten will, sollte man sukrosehaltige Produkte oder solche mit Haushaltszucker, Glukose, Glukose- oder Maissirup (weit verbreitet in industriell gefertigten Produkten), Honig (der Glukose, Fruktose und Sukrose enthält) und den in Bier enthaltenen Zucker Maltose meiden. Als Faustregel gilt: Zuckerzusätze sollten nicht mehr als 10 Prozent der täglichen Energiezufuhr ausmachen. Bei einer täglichen Zufuhr von 2000 Kalorien sind das maximal 50 g pro Tag, weitaus weniger, als durchschnittlich in der westlichen Welt konsumiert wird.

Den in Obst enthaltenen Fruchtzucker, die sogenannte Fruktose, verarbeitet der Körper anders als sonstige Zuckerarten. Er wird langsamer vom Dünndarm absorbiert und kann nicht sofort in Energie umgewandelt werden. Die geringe Wirkung auf den Blutzucker spiegelt sich im niedrigen GI von 19 (verglichen mit 68 für Sukrose). Ich empfehle, Zucker, wann immer es geht, durch Fruktose zu ersetzen und den Konsum von Zucker jeder Art grundsätzlich einzuschränken. Fruktose und künstliche Süßstoffe sind kein notwendiger Bestandteil der Ernährung, sondern lediglich die bessere Alternative zu Zucker. Auch Obst sollte nicht uneingeschränkt konsumiert werden (ich empfehle 2 Stück Obst pro Tag); das gilt insbesondere für mittelglykämische Sorten wie Bananen.

falls und sorgen für mehr Protein, gesundes Fett und Faserstoffe. Sauerteigbrot hat, verglichen mit anderen Brotsorten, einen leicht niedrigeren GL, weil der höhere Säuregrad die glykämische Wirkung von Lebensmitteln herabsetzt.

Grobkörniges Brot ist teurer als Brot aus raffiniertem Weißmehl, aber man sollte sich vor Augen halten, dass einen die Luft im Baguette teuer zu stehen kommt. Allerdings hat selbst das grobkörnigste Brot immer noch einen mittleren bis hohen GL und ist in keinem Fall niedrigglykämisch.

Nudeln

Dass der GL von Nudeln unter dem von Brot liegt, sorgt oft für Verwunderung. Der Grund ist, dass Nudeln in der Regel aus Hartweizengrieß gemacht werden, dessen GL niedriger ist als der von normalem Mehl. Hartweizen ist gröber und enthält etwas mehr Protein. Und: Je kürzer die Garzeit der Nudeln, desto geringer der GL. Bei al dente gekochter Pasta hat man noch etwas zu kauen, und auch für den Blutzucker ist sie vorteilhafter.

Anstelle von Weißmehlnudeln verwenden Sie lieber Vollkornhartweizennudeln, die mehr Faserstoffe, Vitamine und Mineralien enthalten als die verfeinerte Variante. Früher waren sie ausschließlich in Reformhäusern erhältlich, doch mittlerweile bekommt man sie in den meisten Supermärkten, sei es als Fusilli oder Spaghetti. Auch sei noch einmal an die eiweißangereicherten Nudeln erinnert (s. Seite 39), die eine sehr gute Wahl sind.

Nudeln können auch mit Anteilen aus anderen Getreidearten wie Gerste oder Mehl aus weißen Linsen, Mung- oder Sojabohnen hergestellt werden und haben dann einen deutlich reduzierten GL. Auf der anderen Seite werden glutenfreie Nudeln normalerweise aus Mais, Hirse oder Buchweizen hergestellt, was zu einem höheren GL führt. Denken Sie immer daran, dass hier die Menge ausschlagagebend ist; viele Menschen nehmen Nudeln in übergroßen Portionen zu sich.

Reis

Es gibt ein großes – und verwirrendes – Angebot an Reissorten. Welche aber ist für den Blutzucker am besten? Je nach Sorte und Zubereitung hat Reis einen mittleren bis hohen glykämischen Effekt. Kleinkörniger, klebriger, asiatischer Jasmin- oder Sushireis hat einen hohen GL und sollte vermieden werden. Besser ist der langkörnige Basmati-Reis. Auch amerikanischer Parboiled-Langkornreis hat einen niedrigeren GL, da er vor der Weiterverarbeitung gedämpft wird und deshalb weniger klebt. Als Faustregel gilt: Je klebriger der Reis nach dem Kochen, desto höher der GL. Brauner Reis hat keinen nennenswert niedrigeren GL als weißer Parboiled-Reis, enthält aber mehr Spelzen, Faserstoffe, Vitamine und Mineralien und ist somit die gesündeste Variante. Auch Wildreis, der gar kein Reis ist, sondern ein Wassergras, ist wegen des niedrigen GL, der vielen Faserstoffe und des nussigen Geschmacks eine gute Wahl.

Sonstiges Getreide

Haferflocken Herkömmliche, großblättrige Haferflocken haben einen niedrigeren GL als gepuffte und sind damit die bessere Wahl. Man kann sie zu Brei und Porridge verarbeiten. Vielfach kann man aber auch Hafermehl an Stelle von Weizenmehl verwenden, etwa für Muffins, Brot, Pancakes, Kekse, Pastete und Pizza.

Gerste Gerste hat einen angenehm nussigen Geschmack und einen niedrigeren GL als das meiste andere Getreide. Damit ist sie eine hervorragende Alternative zu Reis und Kartoffeln als Beilage oder in Suppen und Eintöpfen; auch ein »Gerstenrisotto« ist ein schmackhaftes Gericht. Beim Backen ist zu beachten, dass Gerste sehr wenig Gluten enthält; für ein lockeres Brot, das gehen soll, fügt man 10 g Gluten pro 100 g Gerste hinzu.

Buchweizen Geröstete Buchweizenkerne (auch »Kasha« genannt) haben einen mittleren GL und sind eine gute Alternative zu Reis in Cerealien und Porridge.

Bulgur und Couscous Bulgur ist grob geschroteter Hartweizen, der vorgegart und getrocknet wird; Couscous ist lediglich eine verfeinerte Variante von Bulgur. Beide Arten benötigen eine kurze Garzeit und sind mit ihrem relativ niedrigen GL empfehlenswert.

Quinoa Quinoa, von den Inkas als »Mutterkorn« bezeichnet, ist proteinreich und hat einen relativ niedrigen GL. Mit seinem leicht nussigen Geschmack kann man es für würzige Gerichte auch gut anstelle von Reis verwenden. Man erhält es in Naturkostläden, Reformhäusern und gut sortierten Supermärkten.

Frühstücksflocken

Frühstücksflocken sind bequem zuzubereiten. Viele essen sie täglich, was ich nicht empfehle, aber wenn auch Sie täglich Cerealien verspeisen, sollten Sie eine möglichst naturbelassene, ungesüßte Sorte aussuchen, die unter Umständen gar nicht so einfach aufzutreiben ist: Die meisten Cerealien sind hochglykämisch und aus stark verarbeitetem Getreide hergestellt. Cornflakes beispielsweise haben einen ausgesprochen hohen GL. Wussten Sie, dass eine 30 g-Portion Cornflakes einen ähnlichen Blutzucker- und Insulinanstieg bewirkt wie eine entsprechende Menge reinen Zuckers?

Nehmen Sie faserreiche Cerealien – etwa Weizenkleie – ohne zusätzlichen Zucker. Nur weil etwas als »gesund« etikettiert wird, taugt es noch lange nicht für eine niedrigglykämische Ernährung. Müsli ist oft gesüßt, und die meisten Marken enthalten Trockenobst, das einen hohen GL hat. Sehr viel besser ist ungesüßtes Müsli mit Körnern und Samen und einer minimalen Menge an Trockenobst (vorzugsweise ohne).

Welche Frühstücksflocken Sie auch nehmen: Wenn Sie Milch und Beeren, gehackte Nüsse, gemahlenen Leinsamen oder Sojaflocken hinzugeben oder einen Löffel voll Joghurt, verringert sich der GL. Und wenn Sie Cerealien unbedingt süßen müssen, verwenden Sie keinen Zucker, sondern ein wenig Fruktose.

Kartoffeln

Viele Menschen wundern sich über den hohen GI von Kartoffeln – wo es sich doch schließlich um Gemüse handelt! Allerdings fehlen dem menschlichen Organismus die Enzyme, um rohe Kartoffeln zu verdauen, so dass sie gekocht werden müssen.

Beim Kochen verändert sich der Stärkegehalt, und die Kartoffel wird leichter verdaulich. Gekochte Kartoffeln bewirken einen schnellen Blutzucker- und Insulinanstieg. Man bedenke, dass Kartoffeln neben Getreide zum effizientesten Mastfutter gehören.

Kartoffeln kann man ab und zu als C-Ration des Belohnungsessens servieren, sofern man mit seinem Gewicht zufrieden ist. Aber halten Sie sich von Kartoffelchips und -crisps fern; sie werden in Pflanzenöl frittiert und können schädliche Abfallprodukte des erhitzten Öls enthalten.

Fette und Öle

Geeignete Fette sind ein wesentlicher Bestandteil der GDD. Im Kapitel »Ernährung, Gesundheit und Gewicht« habe ich erläutert, warum gute Fette für die Gesundheit so wichtig sind. Die nachfolgenden Informationen dienen als Leitfaden beim Einkauf.

Welche Fette und Öle sind geeignet?

Einfach ungesättigte Fette Sie sollten die Hauptfettquelle sein, da einfach ungesättigtes Fett das gute HDL-Cholesterin vermehrt und den Wert des schlechten LDL-Cholesterins niedrig hält. Mandeln, Avokados, Para- und Cashewnüsse, Hasel- und Macadamianüsse, Oliven, Erdnüsse, Pecannüsse und Pistazien sind überaus reich an einfach ungesättigten Fetten. Am gesündesten sind natives Olivenöl extra, kaltgepresstes Rapsöl (Canolaöl) und Avokadoöl, da sie vor allem ungesättigte Fettsäuren enthalten.

Mehrfach ungesättigte Omega-3-Fette Die meisten Menschen sind nicht ausreichend mit Omega-3-Fettsäuren versorgt und sollten ihre Zufuhr erhöhen. Omega-3-Fette sind in mehrfacher Hinsicht von

Nutzen und bieten vor allem Schutz gegen Herz- und Gefäßkrankheiten. Da sie ferner ein wesentlicher Bestandteil des Gehirns sind, gelten sie als intelligenzfördernd und wirksam gegen Depressionen. Die besten Quellen sind fetthaltiger Fisch wie Lachs, Sardine, Makrele, Hering und Thunfisch, sowie Lebertran (als Nahrungsergänzung). In der Pflanzenwelt ist Leinsamen die ergiebigste Quelle mit 58 % gesundheitsförderlichen Omega-3-Fettsäuren. Mit einem Esslöffel kaltgepressten Leinsamenöls, das Sie unmittelbar vor der Mahlzeit zum Essen geben, können Sie Ihre Zufuhr wesentlich erhöhen.

Mehrfach ungesättigte Omega-6-Fette Die durchaus wichtigen Omega-6-Fettsäuren werden in der modernen Welt in weitaus größerem Maße konsumiert als nötig. Maiskeim-, Sonnenblumen-, Safran- und Sojaöl sowie die daraus gewonnene Margarine enthalten viele Omega-6-Fettsäuren und sind sowohl im Haushalt als auch in der Lebensmittelindustrie weit verbreitet. Um die Zufuhr zu reduzieren, verzichten Sie auf diese wie andere raffinierte Öle und Margarine zugunsten kalt gepresster oder nativer Öle – darunter vor allem Olivenöl – und vermeiden Sie den häufigen Verzehr von Frittiertem.

Gesättigte Fette Viele Menschen nehmen viel mehr gesättigte Fette auf als sie benötigen, sei es in Form von vollfetten Milchprodukten (Milch, Butter, Sahne und Käse) und Fleisch, sei es über Kuchen, Kekse und Teigwaren. Gesättigtes Fett ist nicht lebensnotwendig und der Verzehr größerer Mengen daher nicht wünschenswert, da es die gesünderen essentiellen Fettsäuren verdrängt. Kleinere Mengen sind nicht schädlich; nur ein übermäßiger Verzehr als Teil einer hochglykämischen Ernährung kann problematisch werden.

Gehärtete Fette Diese künstlich hergestellten Pflanzenöle und -fette sollten möglichst ganz gemieden werden. Gehärtete Fette gelten als Risikofaktoren für Herzerkrankungen sowie verschiedene Entzündungskrankheiten und Abbauprozesse. Sie sind in vielen Margarinesorten enthalten, in pflanzlichen Backfetten und Brotaufstrichen, und werden von der Industrie in großem Stil zur Erhöhung der Lagerfähigkeit von Lebensmitteln eingesetzt. Die meisten Fertiggerichte enthalten beachtliche Mengen an gehärteten Fetten. Prüfen Sie also immer die Produktangaben und vermeiden Sie Lebensmittel, bei denen »teilgehärtete (pflanzliche) Fette« auf der Zutatenliste erscheinen.

Was in der Küche zu beachten ist

Meine griechische Großmutter, bei der ich in die Lehre gehen durfte, war eine hervorragende Köchin. Ich kann mich nicht erinnern, dass sie je ein Rezept oder ein Kochbuch konsultiert hätte. Im Gegensatz zu ihr besitze ich eine beachtliche Sammlung von Kochbüchern aus aller Welt, in denen ich auf der Suche nach Informationen und Ideen auch oft nachschlage. Allerdings halte ich mich nur selten an die Rezepte. Im Laufe der Zeit habe ich mir folgende Grundsätze zu eigen gemacht:

- Traue keinem Rezept hundertprozentig (jeder Ofen ist anders, und die Qualität der Zutaten schwankt ebenfalls; man braucht also immer seinen gesunden Menschenverstand).
- Lies kein Kochbuch, wenn Du hungrig bist, sondern lieber nach dem Essen oder am späteren Abend.
- Probiere ein neues Rezept nie an Deinen Gästen aus.

Meine Großmutter konnte ausgezeichnet kochen, wenn auch auf relativ einfache und traditionelle Art. In ihrer Küche war die ganze Bandbreite heimischer Gewächse vertreten, vor allem Gemüse, Obst, Hülsenfrüchte und Nüsse. Wenn man gesund und abwechslungsreich kochen will, sollte man möglichst viel über die Zutaten herausfinden, die einem zur Verfügung stehen, und lernen, sie richtig zu verwenden. Leider nämlich ist es trotz der vielen Kochbücher und -zeitschriften mit ihren exquisiten Rezepten anscheinend eher so, dass viele Selbstgekochtes für zu aufwändig halten und schließlich doch auf Tiefkühlpizza oder Fastfood zum Abendessen zurückgreifen.

Wir haben aufregende Gerichte aus anderen Kulturen kennen gelernt, finden es aber schwierig, sie selbst zuzubereiten. Wir haben so viele Anforderungen an die uns zur Verfügung stehende Zeit – Arbeit, Haushalt, Hobbys, Freundschaften –, dass wir immer auf Trab sind. Wenn Sie von der Arbeit nach Hause kommen, haben Sie möglicherweise noch nicht im Detail darüber nachgedacht, was Sie und der Rest der Familie zu essen bekommen. Beim Blick in den Kühlschrank entdecken Sie verschiedenste Zutaten, aber nichts, was sich als Abendessen eignet. Wenn Sie jetzt anfangen, Rezepte zu studieren, werden Sie feststellen, dass Ihnen das eine oder andere fehlt. Also wieder Tiefkühlpizza ... Deshalb ist es so wichtig – auch wenn man gern neue Rezepte ausprobiert –, das Kochen ohne Kochbuch zu beherrschen.

Planung ist entscheidend und mit dem auszukommen, was man hat. Das ist entschieden leichter, wenn man eine gut gefüllte Speisekammer hat und mit ein paar Kochtechniken und Grundrezepten vertraut ist. Zumindest unter der Woche sollten Sie sich von Kochbüchern unabhängig machen und mit den Zutaten arbeiten, die Sie vorrätig haben oder ohne weiteres besorgen können. Sie werden überrascht sein, wie leicht und anregend das Kochen ohne Rezept ist.

Küchengerätschaften

Wenn es Ihnen mit der gesunden Küche ernst ist, sollten Sie sicherstellen, dass Sie auch die geeignete Ausstattung haben. Neben hochwertigen Töpfen, Pfannen, Messern und so weiter empfehle ich eine Küchenmaschine, einen Zauberstab und ein Fleischthermometer: Für die Zubereitung einfacher, gesunder Gerichte sind sie ausgesprochen nützlich. Eine Eismaschine ist zugegebenermaßen nicht unverzichtbar, aber ich empfehle sie, wenn man auf Eiscreme Wert legt, die nicht voller Zusatzstoffe ist und ein Vermögen kostet. Die Wahl der Küchengerätschaften ist bis zu einem gewissen Grad eine Frage des persönlichen Geschmacks, aber die meisten Bestandteile der nachfolgenden Liste gehören zur Grundausstattung und helfen Ihnen bei der Zubereitung der Rezepte aus dem zweiten Teil des Buches.

Kochmesser 20 cm-Klinge
Schneidemesser 5 cm-Klinge
Filetiermesser
Schälmesser mit gezackter Klinge
Vorlegemesser
Messerschleifer
nicht haftende Kochtöpfe (groß, mittel und klein)
große, nicht haftende Bratpfanne mit Deckel
kleine, nicht haftende Bratpfanne (auch als Omelettepfanne zu verwenden)
nicht haftender Wok
Schmorpfanne (vorzugsweise emailliertes Gusseisen)
Bratenform, groß und klein
gerillte Grillpfanne
Gemüsedampfkochtopf
Holzbretter (eines für rohes Fleisch und rohen Fisch, eines für Gemüse)
Holzkochlöffel

Schaumkelle
Fischheber
Zange
Geflügelschere
Kartoffelschäler
Metallspieße
Schöpfkelle
Schneebesen
Käsereibe
Zestenreißer
Zitronenpresse
Knoblauchpresse
Entsteiner (für Oliven)
Gehäuseausstecher
Dosenöffner
Messbecher
Messlöffel
Mörser und Stößel
Pfeffermühle
Salzmühle
Küchenwaage
Küchenuhr
Küchenschere

Rührschüsseln
große, nichtrostende Edelstahlschüssel
Teigschaber
Backblech
Kuchenform 23 cm ø
Brotbackform
kleine Auflaufförmchen
Abtropfsieb
Seiher
feines Sieb
Glas mit Schraubverschluss
luftdicht verschließbare Lebensmittelbehälter
Gummihandschuhe (zum Zerkleinern von Chilies)
Backpinsel
Nagelbürste (zum Säubern von Muscheln)
Pinzette (für Fischgräten)
Küchenmaschine mit Knethaken
Fleischthermometer
Eismaschine

Speisekammer, Kühlschrank und Gefriertruhe

In einer gut bevorrateten Küche kann man seine Speisen mit geringstmöglichem Aufwand und einem Minimum an Last-Minute-Einkäufen zubereiten. Ich führe eine Liste mit den Dingen, die mir ausgegangen sind und nachgekauft werden müssen. Denken Sie allerdings daran, dass manche Lebensmittel nur begrenzt lagerbar sind. Schauen Sie also Ihren Küchenschrank alle zwei bis drei Monate gründlich durch. Nüsse – auch Erdnussbutter – und Samen werden schnell ranzig, getrocknete Kräuter und Gewürze verlieren ihr ganz eigenes Aroma. Nachfolgend ein paar Tipps für die Einkaufsliste.

Küchenschränke

natriumarmes Salz
ganze Pfefferkörner, gemahlener weißer Pfeffer
Öle: natives Olivenöl extra, kaltgepresstes Rapsöl (Canolaöl), kaltgepresstes Avokadoöl, kaltgepresstes Walnussöl, Sesamöl
geklärte Butter (Ghee): Sie hält sich mehrere Monate und verträgt hohe Temperaturen, ohne zu verbrennen
Essig: Weiß- und Rotweinessig, Balsamico, Himbeer-, Apfel- und Reisessig
Saucen: Sojasauce, Tabasco, Worcestersauce, Mayonnaise, süße Chilisauce, chinesische Austernsauce, thailändische Fischsauce, indonesisches Ketjap Manis
Senf: Senf mit ganzen Körnern, Dijon- und Estragonsenf
Pesto
Gewürze: Anis, Cayennepfeffer, Chilipulver, Kumin, Curry, Fenchel, Ingwer, Kardamom, gemahlener Koriander, Kümmel, Kurkuma, Muskatnuss (ganz und gem.), Nelken, Nelkenpfeffer, Safran, gem. Zimt und Zimtstangen
Vanilleschoten und Vanilleextrakt
getrocknete Kräuter: Estragon, Lorbeerblätter, Majoran, Minze, Oregano, Rosmarin, Salbei, Thymian
natriumarme Brühe, Brühwürfel oder pflanzliche Brühe
Kokosmilch aus der Dose
Dosentomaten
schwarze und grüne Oliven
Artischockenherzen aus der Dose
Bohnen, Kichererbsen und Linsen aus der Dose
rote, braune und grüne getrocknete Linsen

Hummus und Tahin (Sesampaste)
Fischkonserven: Sardelle, Makrele, Sardine, Thunfisch
Nüsse: ganze und gemahlene Mandeln, Paranüsse, Erdnüsse, Pinienkerne, Pistazien, Cashewnüsse, Walnüsse, Pekannüsse, Macadamianüsse
ungesüßte Erdnussbutter
Samen: Sonnenblumen, Leinsamen, Kürbis, Sesam
getrocknete Aprikosen
Schokolade (mind. 70 % Kakaoanteile oder zuckerfrei)
Zwiebeln
Knoblauch
Haferflocken
Couscous
Quinoa
verschiedene Flocken (Reis, Dinkel, Haferflocken blütenzart)
Buchweizen
Perlgraupen
Nudeln: Vollkornspaghetti oder -fusilli oder eiweißangereicherte Nudeln
Reis: brauner Basmati, Parboiled-Langkornreis, Wildreis
Mehl: steingemahlenes Vollkornmehl, Dinkel, Graupen, Soja, Kichererbsen (Pure Gram

Flour), Roggen, feiner Hartweizengrieß (Semolina)
Bindemittel: Maismehl, Pfeilwurz
Backpulver
Trockenhefe

Fruchtzucker (Fruktose)
Weiß- und Rotwein, Portwein, Sherry

Obstkorb

Zitronen, Limetten, Äpfel, Beeren, (Himbeeren, Blaubeeren, Erdbeeren u. sonstige), Birnen, Orangen, Mandarinen
Pfirsiche, Nektarinen, Aprikosen
Kirschen, Melone, Wassermelone
Pflaumen, Grapefruit, Kiwis, Trauben
Granatapfel, Passionsfrucht

Kühlschrank

Eier
kaltgepresstes Leinsamenöl
entrahmte Milch oder Sojamilch
Crème double (48 % Fettgehalt), Single cream (18 % Fettgehalt) od. Schmand, Sojasahne mit 18 % und 36 % Fett
Crème fraîche, saure Sahne (wenn möglich fettreduziert)
Joghurt (fettreduziertes Joghurt natur oder fettfreies Fruchtjoghurt mit Fruchtzucker oder Sojajoghurt)
Hüttenkäse, Ricotta, Frischkäse, Quark
Käse: Feta, Parmesan, reifer Cheddar, Greyezer
Senf
Tomatenmark
Currypaste
Oliven und Olivenpaste
Sardellenpaste
Meerrettich
Ingwer
Chili
frische Kräuter: Basilikum, Minze, Thymian, Petersilie
Gemüse, z.B. Auberginen, Karotten, Stangensellerie, Zucchini, Gurken, rote und grüne Paprikaschoten, Tomaten, Fenchel, Kohl, Brokkoli, Rosenkohl, Blumenkohl, Blattsalat (Kopfsalat, Chicorée, Rucola, Brunnenkresse), Lauch, Frühlingszwiebeln, Pilze, Spinat, Spargel, Bohnensprossen, grüne Bohnen, Zwiebeln, Pak Choi, Radieschen

Gefriertruhe

Mit Fleisch, Fisch und Gemüse enthält Ihre Gefriertruhe immer die Grundlage für eine gesunde Mahlzeit.
Spinat
Erbsen
Saubohnen
Brokkoliröschen
Beeren: Brombeeren, Blaubeeren, Himbeeren, schwarze und rote Johannisbeeren, Preiselbeeren
Schalentiere: Garnelen, Shrimps, Tintenfisch (nicht mariniert oder zerkleinert)
Fisch: Lachs-, Kabeljau-, Schellfisch-, Steinbutt-, Schollenfilet
Hühnerbrust und -beine, entbeint und gehäutet
ganze Hühnchen
Truthahnbrust
Entenbrust
Rind: Filet, Schmorbraten, mageres Hackfleisch
Lamm: Schlegel, Filet, mageres Hackfleisch
Schwein: Filet/Lende
selbstgebackenes oder anderes grobes Vollkornbrot in Scheiben

Die richtige Würze

Mit ein oder zwei frischen oder getrockneten Kräutern, Gewürzen oder Geschmacksverstärkern können Speisen viel gewinnen. Nachstehend habe ich ein paar klassische, aber auch ungewöhnlichere Kombinationen aufgeführt, die überraschend gut funktionieren. Chinesisches Aroma etwa erzeugt man mit Ingwer, Frühlingszwiebeln und ein paar Tropfen Sojasauce und Sesamöl zur Abrundung. Südostasiatisch wird es mit Knoblauch und Chili, Limettensaft und asiatischer Fischsauce. Kräuter und Gewürze enthalten zudem auch viele bioaktive Inhaltsstoffe. Sie sollten also nicht im Küchenregal verstauben, sondern am besten täglich verwendet werden.

Zu Fisch Fenchel, Dill, Petersilie, Estragon, Schnittlauch, Koriander, Thymian, Oregano, Kurkuma, Senf, Curry, Zitrone, Limette, Weißwein

Zu Schalentieren Basilikum, Petersilie, Dill, Majoran, Schnittlauch, Curry, Koriander, Estragon, Oregano, Thymian, Chili, Knoblauch, Zitrone, Limette, Senf, Kokosmilch, Weißwein, Sherry

Zu Geflügel Basilikum, Oregano, Knoblauch, Schnittlauch, Curry, Estragon, Lorbeerblätter, Ingwer, Zimt, Majoran, Thymian, Chili, Kurkuma, Zitrone, Limette, Orange, Kokosmilch, Rotwein, Weißwein, Sherry

Zu Rindfleisch Knoblauch, Kumin, Nelkenpfeffer, Oregano, Thymian, Majoran, Curry, Basilikum, Cayennepfeffer, Chili, Lorbeerblätter, Senf, Meerrettich, Rotwein, Portwein

Zu Lamm Knoblauch, Oregano, Basilikum, Dill, Rosmarin, Thymian, Minze, Nelkenpfeffer, Kumin, Rotwein

Zu Schweinefleisch Knoblauch, Dill, Koriander, Kumin, Rosmarin, Thymian, Cayennepfeffer, Nelkenpfeffer, Salbei, Ingwer, Zitrone, Curry, Senf, Sherry, Rot- und Weißwein

Zu Wild Knoblauch, Wacholderbeeren, Thymian, Oregano, Lorbeerblätter, Nelkenpfeffer, Rosmarin, Rotwein, Portwein

Zu Eiern Estragon, Schnittlauch, Cayennepfeffer, Basilikum, Curry

Zu getrockneten Bohnen und Linsen Knoblauch, Petersilie, Schnittlauch, Koriander, Kumin, Curry, Estragon, Majoran, Rosmarin, Thymian, Salbei, Chili, Zitrone

Zu Spargel Basilikum, Dill, Estragon, Schnittlauch, Muskatnuss

Zu Erbsen Minze, Basilikum, Estragon, Schnittlauch, Oregano, Dill

Zu Brokkoli, Blumenkohl, Rosenkohl und sonstigem Kohl Knoblauch, Kumin, Basilikum, Estragon, Curry, Majoran, Ingwer

Zu Spinat Knoblauch, Muskatnuss, Basilikum, Estragon, Kokosnussmilch, Chili

Zu Aubergine Knoblauch, Petersilie, Chili, Oregano, Majoran, Basilikum, Minze, Salbei, Thymian

Zu Zucchini Knoblauch, Petersilie, Oregano, Estragon, Basilikum, Minze, Salbei, Thymian

Zu grünen Bohnen Petersilie, Basilikum, Knoblauch, Estragon, Dill, Majoran, Rosmarin

Zu Pilzen Knoblauch, Petersilie, Oregano, Majoran, Basilikum, Schnittlauch, Dill, Estragon

Zu Paprika Knoblauch, Koriander, Schnittlauch, Oregano, Thymian, Majoran

Zu Tomaten Knoblauch, Schnittlauch, Koriander, Estragon, Oregano, Majoran, Thymian, Salbei, Chili, Cayennepfeffer, Senf, Kumin

Gut Essen will geplant sein

Sie sollten immer einen Plan für Ihre Mahlzeiten haben. Im Voraus planen spart Zeit und Geld und macht es leichter, sich gesund zu ernähren. Wenn Sie warten, bis sich der Hunger einstellt, bevor Sie etwas zu essen kaufen, enden Sie wahrscheinlich vor einem teuren Fertiggericht oder Fastfood-Essen, in dem sich lauter ungesunde Fette und wenig Vitamine und Mineralien verbergen. Wenn man einen Wochenplan für das Essen erstellt, kann man das meiste von dem, was man benötigt, an einem Tag besorgen und muss nicht nach der Arbeit hungrig und müde durch die Geschäfte ziehen. Außerdem wird man auf diese Weise viel weniger Lebensmittel vergeuden. Eine aberwitzige Menge an Essen landet im Müll, weil es zu lange im Kühlschrank vor sich hin gammelt. Planung bedeutet indes nicht, dass man nicht flexibel sein könnte: Wenn Sie auf dem Markt zum Beispiel frische Saubohnen entdecken, können Sie diese ohne weiteres als Gemüse in Ihren Essensplan einbauen.

Auf den Seiten 26–29 finden sich Wochen-Menüpläne zur Orientierung. Bei der eigenen Planung gilt lediglich das Gebot der Vielfalt, damit eine möglichst große Bandbreite an lebenswichtigen Vitaminen und Mineralien abdeckt wird.

Mit Hilfe eines Wochenplans lässt sich vieles auch schon im Voraus zubereiten. So kann man für den Folgetag beispielsweise durchaus nach dem Abendessen und einer kurzen Entspannung vorkochen und muss sich dann nicht nach der Arbeit müde und abgespannt an den Herd stellen. Wenn alles gut vorbereitet ist, muss man das Essen praktisch nur noch aufwärmen.

Sinnvoll ist auch die Zubereitung größerer Mengen, die man über die Woche verteilt variiert. So kann man ohne weiteres zwei oder drei Stunden am Wochenende reservieren, um Eintöpfe, Ofengerichte, Bohnen oder Linsen zu kochen. Die Rezeptangaben können auch verdoppelt, überzählige Portionen kalt gestellt oder eingefroren werden. Auf diese Weise muss man nicht allabendlich eine komplette Mahlzeit auf den Tisch bringen.

Im Voraus zubereiten

Die mit nebenstehendem Symbol gekennzeichneten Rezepte können im Voraus oder in größeren Mengen zubereitet werden. Sie enthalten Angaben über die Haltbarkeitsdauer und viele Tipps für Abwandlungen.

Die Zubereitung größerer Mengen ist sinnvoll. Auch die großen Küchenchefs bereiten Fonds, Saucen und Garnierungen im Voraus zu und können die Zutaten dann relativ mühelos in verschiedenerlei Weise miteinander kombinieren. Das spart sowohl Zeit als auch Geld.

Zum Beispiel:

- Aus einem Grundrezept Hackfleischsauce lassen sich ohne weiteres vier oder fünf verschiedene Gerichte zubereiten (mit Spaghetti, Tomaten, Avokados und Fajitas oder als Grundlage für Moussaka oder Lasagne).
- Bohnen- und Linsengerichte schmecken im Voraus zubereitet besonders gut. Nach dem Aufwärmen fügt man Kräuter, Gewürze, Saucen oder andere Zutaten wie ausgelassenen Speck, halbierte Kirschtomaten oder Käsewürfel hinzu.
- Statt ganzer Gerichte kann man auch einzelne Bestandteile vorbereiten, die sich noch anderweitig verwenden lassen. Die Mandel-Knoblauch-Sauce auf Seite 104 beispielsweise schmeckt auch köstlich zu Fisch oder als Dip, so dass sich die Zubereitung einer größeren Menge anbietet, was auch für viele andere Saucen gilt.

Grundlegende Küchentechniken

Wie man einen Fond zubereitet

Die Grundlage etlicher Gerichte ist ein guter Fond. Die nötigen Knochen und Reste erhält man bei Metzgern und Fischhändlern häufig gratis.

Für eine Fleisch- oder Hühnerbrühe werden die Knochen zusammen mit Karotten, Zwiebeln, Sellerie und Lauch im Ofen geröstet, bis sie gut gebräunt sind. In einen großen Kochtopf geben, mit Wasser bedecken, aufkochen und bei geringer Hitze je nach gewünschter Geschmacksintensität eine bis sechs Stunden köcheln lassen (den aufsteigenden Schaum dabei regelmäßig abschöpfen). Wenn der Fond fertig ist, in einen sauberen Topf abseihen und zur Intensivierung des Geschmacks weiter kochen oder zu sirupartiger Konsistenz als Basis für Saucen und Suppen reduzieren.

Für einen Fischfond die Schalen von 450 g Garnelen, 225 g festfleischigen Fisch, 1 zerkleinerte Selleriestange, 1 kleine, in dicke Scheiben geschnittene Zwiebel, 1 Lorbeerblatt, einen Spritzer Zitronensaft und 6 ganze Pfefferkörner in einen Kochtopf geben. Mit 1,2 Liter Wasser zum Kochen bringen, die Hitze reduzieren und mit aufgesetztem Deckel 20 Minuten simmern lassen, bis der Fisch zerfällt. Beim Abschöpfen darauf achten, dass alle Gräten entfernt werden.

Auf Seite 59 finden sich im Rezept für die Griechische Gemüsesuppe die Angaben für eine Gemüsebrühe. Wahlweise kann man auch pflanzliches Brühepulver verwenden.

Ein Fond hält sich zwei bis drei Tage im Kühlschrank (der Fischfond zwei Tage) oder kann eingefroren werden. Konzentrierten Fond kann man in einen Eiswürfelbehälter füllen.

Langsames Garen

Bei niedrigen Temperaturen entfalten sich die Aromen besonders gut, und die Speisen werden so zart und saftig, dass ein Nachsalzen oder gehaltvolle Saucen sich erübrigen. Der längere Garprozess muss allerdings miteinkalkuliert werden.

Den Ofen auf niedrigster Stufe vorheizen – in der Regel bei 120° C/Gas 1/2 Stufe. Ein tiefes Backblech einlegen, mit ein paar Teelöffeln Olivenöl beträufeln, Kräuter, Knoblauch, Senf oder andere Würzmittel hineingeben, das Fleisch, Geflügel oder den Fisch auf das Blech legen und in die dickste Stelle ein Fleischthermometer stechen. Das Thermometer entfernen, wenn die Innentemperatur erreicht ist: 55–65 °C für die meisten Fleischarten, die innen rosa sein sollen, und 65–70 °C für Huhn und Truthahn.

Das Frikassee-Prinzip

Bei einem Frikassee werden Fleisch, Geflügel oder Fisch mit Gemüse in einer Brühe weich gegart. Zum

Abschluss die Brühe abseihen, reduzieren und mit Kräutern und Gewürzen abschmecken. Um die Brühe anzudicken, gibt man in kaltem Wasser aufgelöstes Maismehl oder Eigelb hinzu; letzteres wird mit ein paar Esslöffeln heißer Brühe vermengt, in den Topf gegeben und gut umgerührt. Nicht kochen lassen, da sonst das Eigelb gerinnt. Sie können auch 18 %ige Single cream oder Sojasahne oder eine Mischung aus Eigelb, Sahne und Bindemittel verwenden.

Ein gesundes Bindemittel sind zerdrückte oder pürierte rote oder gelbe Linsen oder Gemüse mit hohem Faserstoffanteil wie Knollensellerie, Tomaten und/oder Zwiebeln. Servieren Sie das Frikassee mit zerdrückten oder pürierten Erbsen, Bohnen oder Linsen oder aber mit Nudeln oder Reis, wenn es Ihr Belohnungsessen ist.

Ragouts und Eintöpfe

Im Unterschied zum Frikassee werden die Zutaten für ein Ragout häufig zunächst angebraten werden; und oft gehackte Tomaten oder Tomatenpüree oder -mark hinzugefügt. Ansonsten entspricht die Zubereitung der eines Frikassees, wobei die Brühe nicht reduziert werden muss. Oft werden Wein und kräftigere Gewürze und Kräuter wie Chili, Senf, Nelkenpfeffer und Kümmel verwendet. Zäheren Stücken wie Haxe und Nacken kommt die längere, schonendere Garzeit zugute; doch genauso geeignet ist sie – bei insgesamt kürzeren Garzeiten – für Geflügel, hochwertigeres Fleisch, Gemüse und Fisch.

Rührgebratenes

Diese ursprünglich aus dem Fernen Osten stammende Garmethode erfreut sich inzwischen weltweiter Beliebtheit. Die Zutaten sind schnell zubereitet, und man benötigt nur eine kleine Menge Öl. Am besten eignen sich natives Olivenöl extra oder Sesamöl, die ein schnelles Erhitzen besser vertragen als Öle mit einem hohem Anteil an mehrfach ungesättigten Fetten, wie Sonnenblumen-, Soja-

Gebratenes meiden

Braten und Frittieren gehören zu den verbreitetsten Garmethoden, doch sind sie leider auch mit am schädlichsten. Gesundheitsgefährdend sind die schnelle Oxydation und andere chemische Veränderungen, die stattfinden, wenn Öl stark erhitzt wird und Licht und Luft ausgesetzt ist. Die dadurch entstehenden Stoffe sind hochtoxisch. Wenn man Öl nur gelegentlich zum Braten verwendet, kann der Körper die Giftstoffe bewältigen. Wenn sich diese Abfallstoffe jedoch durch wöchentlichen oder gar täglichen Verzehr in unseren Zellen anreichern, können Herzerkrankungen oder Krebs die Folge sein.

Sollten wir also einfach aufhören, Gebratenes und Frittiertes zu essen? Idealerweise ja, doch nur wenige werden sich wohl streng daran halten. Deshalb ist es gut zu wissen, welche Fette zum Braten und Frittieren am wenigstens schädlich sind. Mehrfach ungesättigtes Fett, wie in Fischöl und den meisten Pflanzenölen enthalten, verträgt hohe Temperaturen nicht gut. Fettigen Fisch sollte man folglich nicht braten. Unempfindlicher reagiert ungesättigtes und gesättigtes Fett auf hohe Temperaturen. Olivenöl und Sesamöl enthalten vor allem einfach gesättigte Fette und vertragen das Braten bei niedrigen Temperaturen relativ gut, nicht jedoch das Frittieren. Wenn Sie bei hohen Temperaturen braten oder frittieren, eignen sich geklärte Butter (Ghee) und unraffiniertes Kokosöl eher (obwohl sie viel gesättigtes Fett enthalten, bleiben sie bei hohen Temperaturen stabil und entwickeln weniger Schadstoffe).

Vermeiden Sie das Braten mit Schmalz, das praktisch ausschließlich gesättigtes Fett enthält. Billige Margarine und gehärtete Fette sollte man nach Möglichkeit ebenfalls nicht verwenden. Oft handelt es sich um gänzlich künstliche Produkte, die mit hoher Wahrscheinlichkeit Transfettsäuren enthalten.

Rührbraten ist die beste Variante, da das Fett und die Zutaten nur kurz stark erhitzt werden. Eine andere Möglichkeit ist, die Zutaten in etwas Brühe oder kochendem Wasser zu garen und anschließend bei niedriger Temperatur sehr kurz zu braten.

oder Maiskeimöl. Wegen der kurzen Garzeit sollte man für den Wok immer zartes Fleisch (vorzugsweise Filet), Fisch oder Geflügel nehmen.

Zunächst sämtliche Zutaten kleinschneiden und bereitstellen. Den Wok stark erhitzen, etwas Öl hineingeben und die Hauptzutat so lange im erhitzten Öl rührbraten, bis sie leicht Farbe annimmt (Huhn und anderes Geflügel sollte gut durchgegart sein), aus dem Wok nehmen und beiseite stellen. Jetzt unter ständigem Rühren das Gemüse hineingeben. Zunächst kräftigeres Gemüse wie Brokkoli, Blumenkohl, Zwiebeln und Paprika, dann zarteres wie Frühlingszwiebeln, Spargel und Erbsen. Die Hauptzutat in den Wok zurückgeben und würzen. Sojasauce, Ingwer, Chili, Sesamöl und Knoblauch sind gängige Zutaten; Knoblauch, Pesto, Oregano, Thymian und Estragon ergeben eine mediterrane Note, Erdnussbutter und Kokosnussmilch eine indonesische. Der Wok eignet sich auch für die Zubereitung von Desserts mit Früchten und Beeren.

Fleischbällchen und Fischküchlein

Mageres Fleisch, Wild und Geflügel, Fisch und Schalentiere, durch den Wolf gedreht oder sehr fein geschnitten, sind eine gute Grundlage für ein einfaches Abendessen. Dabei stehen Qualität und Frische an oberster Stelle, gehen Sie also nicht nur nach dem Preis. Geben Sie Kräuter und Gewürze hinzu, fein gehackte Zwiebel, Knoblauch oder ein anderes Gemüse sowie ein oder zwei Eier. Alles gut vermengen. Zum »Strecken« der Hackmasse verwenden Sie anstelle von Paniermehl oder Mehl Haferflocken oder zerdrückte rote Linsen. Die Mischung mindestens 20 Minuten (bis hin zu mehreren Stunden) im Kühlschrank ruhen lassen. Zu Bällchen oder kleinen Pastetchen formen und bei kleiner Hitze in einer nicht haftenden Pfanne garen. Bei niedrigen Temperaturen entfalten sich die Aromen besser, so dass man weniger Salz und Fett benötigt.

Einfache Desserts

Nehmen Sie niedrigglykämisches, faserstoffreiches Obst wie Äpfel, Birnen, Zitrusfrüchte, Himbeeren, Brombeeren, Erdbeeren, Trauben, Kirschen, Kiwi, Pflaumen, Pfirsiche, Nektarinen oder Melonen. Etwa in folgender Kombination:

- Erdbeeren, Himbeeren und Blaubeeren gemischt
- grüne Trauben, Kiwischeiben und Melonenkugeln
- Orangenscheiben mit Zimt
- Erdbeeren mit etwas schwarzem Pfeffer oder Balsamico-Essig
- zerdrücktes, püriertes oder gedünstetes Obst (wenn gewünscht, mit Fruchtzucker) für Obstsuppe
- püriertes Obst als Sauce für Ricotta, Joghurt oder Eis
- Naturjoghurt mit Obst (sättigend und gesund)
- ungesüßtes Joghurt mit Vanilleextrakt und Fruchtzucker; ein paar Beeren unterrühren oder mit gehackten Walnüssen oder Pistazien bestreuen und mit Honig beträufeln.

Die Rezepte

Bevor Sie eines der nachfolgenden Rezepte ausprobieren, beachten Sie bitte folgendes:

- Wenn für ein Rezept Salz verwendet wird, empfehle ich natriumarmes oder natriumreduziertes Salz. Die meisten Menschen nehmen viel mehr Salz zu sich als nötig; wir brauchen lediglich rund 1 g pro Tag, der durchschnittliche Verbrauch liegt jedoch weit darüber. Wenn Sie Ihren Salzverbrauch schrittweise reduzieren, werden Sie die natürlichen Aromen der Zutaten viel besser schmecken und sich schon bald daran gewöhnt haben.
- Sofern nicht anders angegeben, ist mit »Pfeffer« immer frisch gemahlener schwarzer Pfeffer gemeint.
- Meine Empfehlung für Olivenöl ist natives Olivenöl extra, also in mechanischen Verfahren kaltgepresstes Öl, das bei der Herstellung nicht auf hohe Temperaturen erhitzt wurde.
- Wenn Sie für die entsprechenden Rezepte keinen selbstgemachten Fond verwenden, nehmen Sie natriumarme Brühe, die in manchen Supermärkten erhältlich ist, oder pflanzliches Brühepulver, das in Naturkostläden und auch einigen Supermärkten angeboten wird.
- Für viele Ofenrezepte sind niedrige Temperaturen angegeben. Dadurch bleiben Fleisch, Geflügel und Fisch wunderbar saftig (s. Seite 53). Dennoch empfiehlt es sich, ein Fleischthermometer zu verwenden, um sicher zu gehen, dass das Fleisch gleichmäßig gart. Wenn Sie kein Thermometer haben, stechen Sie mit einem Metallspieß tief in die dickste Stelle des Fleisches; ist der austretende Saft klar, ist das Fleisch gar.
- Das Symbol für »Im Voraus zubereiten« in einem Rezept ist ein Hinweis darauf, dass das Essen im Kühlschrank aufbewahrt oder tiefgefroren werden kann. Sofern nicht anders angegeben, sollten alle Gerichte in einem luftdichten Behälter aufbewahrt und, sofern tiefgefroren, vor dem Erhitzen vollständig aufgetaut werden.
- Am Ende jedes Rezepts finden Sie ernährungsphysiologische Angaben. Die Glykämische Last (GL) pro Portion wurde auf der Basis der in Gramm gemessenen Kohlenhydratmenge insgesamt berechnet, multipliziert mit dem Glykämischen Index (GI) der blutzuckerwirksamen Zutaten geteilt durch 100. Wenn niedrigglykämisches Gemüse die ausschließliche Kohlenhydratquelle ist, liegt der GL praktisch bei Null. Da viele der hier abgedruckten Rezepte eine nicht unerhebliche Menge an Protein und/oder Fett sowie Zitronensaft oder Joghurt enthalten – die alle GI-senkend wirken und damit auch für einen niedrigeren GL sorgen –, beträgt der GL pro Portion lediglich 6,5. Natürlich kommen auch Rezepte vor, die Kohlenhydrate mit höherem GL beinhalten; diese sind als Teil des täglichen »Belohnungsessens« gedacht.

◂ Gurkensuppe mit Garnelen

FÜR 4 PERSONEN

- 2 Schlangengurken
- 400 ml Hühnerbrühe
- 150 g Crème fraîche oder saure Sahne (20 % Fett)
- Saft 1/2 Zitrone
- Salz und Pfeffer

MARINIERTE GARNELEN

- 200 g frische gekochte Garnelen
- 1/2 rote Chili, fein gehackt
- frischer Ingwer (1 cm-Stück), fein gehackt
- 3 EL süße Chilisauce
- 2 Bund Dill, fein gehackt

Eine erfrischende, sommerliche Vorspeise mit pikant gewürzten Garnelen als Eiweißquelle.

1 Gurken schälen und grob hacken. In einer Küchenmaschine oder mit dem Stabmixer zusammen mit der Brühe, Crème fraîche oder saurer Sahne und Zitronensaft zu einer glatten Masse verarbeiten. Mit Salz und Pfeffer abschmecken und bedeckt mindestens 2 Stunden kalt stellen.

2 Chili, Ingwer, Chilisauce und Dill vermengen und abschmecken. Die Mischung zu den Garnelen geben und an einem kühlen Ort 1 Stunde marinieren lassen.

3 Die Suppe in gekühlte Suppenschüsseln füllen. Marinierte Garnelen direkt vor dem Auftragen auf der Gurkenmischung verteilen.

PRO RATION GLYKÄMISCHE LAST 0; PROTEIN 16 G; KOHLENHYDRATE 9 G; FETT 9 G (DAVON 5 G GESÄTTIGTE FETTE); FASERSTOFFE 2 G

Griechische Fischsuppe

FÜR 6 PERSONEN

- 6 EL Olivenöl
- 1 Zwiebel, gehackt
- 90 g Lauch (weiße Teile), klein geschnitten
- 1/2 Fenchelknolle, klein geschnitten
- 3 Stengel Petersilie
- 1 Lorbeerblatt
- 2 Zweige frischer Thymian oder 1 TL getrockneter Thymian
- 450 ml trockener Weißwein
- 700 ml Wasser
- Salz und Pfeffer
- 500 g frische Muscheln in der Schale
- 500 g rohe, ungeschälte Garnelen
- 1 1/2 kg Fisch (3 oder 4 verschiedene Arten)

Diese griechische Variante der Bouillabaisse ist auch als Fischersuppe oder Kakavia *bekannt. Traditionell wird sie aus einer Mischung verschiedener Fischarten und Schalentiere zubereitet.*

1 Öl bei niedriger Temperatur in einer großen Pfanne erhitzen. Zwiebeln darin 10 Minuten anbraten, bis sie weich, aber nicht gebräunt sind. Lauch, Fenchel, Kräuter, Wein und Wasser hineingeben und aufkochen. Eine Prise Salz zugeben, die Hitze reduzieren und 45 Minuten simmern lassen.

2 In der Zwischenzeit die Muscheln gründlich reinigen und alle geöffneten oder beschädigten Exemplare entfernen. Garnelen abspülen und schälen. Fisch in kleine Stücke zerteilen und mit etwas Salz bestreuen. 10–20 Minuten ruhen lassen.

3 Gemüse samt Flüssigkeit durch ein Sieb in einen sauberen Topf passieren. Erneut aufkochen, Hitze reduzieren, den Fisch hineingeben und 5–10 Minuten simmern lassen. Muscheln hinzugeben und nochmals 5 Minuten simmern lassen bzw. so lange, bis die Schalen sich geöffnet haben. Garnelen hinzugeben und 1 oder 2 Minuten simmern lassen, bis sie milchig sind. Mit Salz und Pfeffer abschmecken und sofort auftragen.

PRO RATION GLYKÄMISCHE LAST 0; PROTEIN 55 G; KOHLENHYDRATE 2 G; FETT 14 G (DAVON 2 G GESÄTTIGTE FETTE); FASERSTOFFE 1 G

Griechische Gemüsesuppe

FÜR 4 PERSONEN

- 6 EL Olivenöl
- 2 Zwiebeln, fein gehackt
- 2 Knoblauchzehen, zerdrückt
- 200 g Grünkohl, in schmale Streifen geschnitten
- 3 Karotten, gewürfelt
- 3 Selleriestangen, gehackt
- 300 g gekochte oder konservierte Kichererbsen, abgespült
- 2 Liter Gemüsebrühe oder Wasser
- 400 g Dosentomaten
- 4 EL Petersilie, gehackt
- Salz und Pfeffer
- 50 g Feta, zerkrümelt

Eine gehaltvolle, sättigende Suppe mit Kichererbsen und Feta als Eiweißlieferanten.

1 Olivenöl bei niedriger Temperatur in einen großen Topf geben. Zwiebeln und Knoblauch hinzufügen und mit aufgesetztem Deckel 10 Minuten anbraten, bis die Zwiebeln weich, aber nicht gebräunt sind. Kohl hinzugeben und weitere 5 Minuten garen.

2 Karotten, Sellerie und Kichererbsen hinzugeben, gut umrühren und garen, bis das Gemüse weich wird.

3 Brühe oder Wasser hinzugießen und gut umrühren. Suppe zum Kochen bringen. Mit aufgesetztem Deckel 30 Minuten simmern lassen. Tomaten, etwas Salz und Pfeffer hinzugeben und weitere 20 Minuten simmern lassen.

4 Petersilie unterrühren. Suppe in Suppentassen oder -teller füllen. Feta darüberkrümeln und heiß auftragen. Nach Belieben mit ein paar Tropfen Olivenöl beträufeln.

PRO RATION GLYKÄMISCHE LAST 7; PROTEIN 11 G; KOHLENHYDRATE 27 G; FETT 21 G (DAVON 4 G GESÄTTIGTE FETTE); FASERSTOFFE 7 G

IM VORAUS ZUBEREITEN BIS SCHRITT 3 VORBEREITEN UND MAXIMAL 3 TAGE IM KÜHLSCHRANK AUFBEWAHREN. DIE SUPPE KANN AUCH TIEFGEFROREN WERDEN.

Brokkoli- und Blumenkohlsuppe

FÜR 6 PERSONEN

- 1 Brokkolistrunk
- 1 Blumenkohl
- 3 EL Olivenöl
- 1/2 Zwiebel, in Scheiben geschnitten
- 1 Liter Wasser oder Brühe
- Salz und Pfeffer
- 100 ml Sahne, Frischkäse oder Joghurt natur

Diese blassgrüne, stärkende Suppe steckt voller Vitamine und Mineralien, ist schnell gemacht und sehr wandelbar. Gehackte frische Kräuter sind eine würzige Beigabe zum Grundrezept. Träufeln Sie unmittelbar vor dem Servieren ein paar Tropfen natives Olivenöl extra oder kaltgepresstes Leinsamen-, Kürbiskern- oder Avokadoöl darüber; die Suppe dann nicht mehr kochen lassen. Eine leichte Mahlzeit erhalten Sie durch die Zugabe von Eiweiß, etwa klein geschnittenes gekochtes Huhn, Schinkenstreifen, gehackte hartgekochte oder poschierte Eier.

1 Brokkoli und Blumenkohl waschen und in Röschen zerteilen.

2 Olivenöl bei niedriger Temperatur in großem Topf erhitzen, Zwiebel hinzugeben und weich garen. Brokkoli und Blumenkohl in den Topf geben und ein paar Minuten anbraten. Wasser oder Brühe zugießen und 8–10 Minuten simmern lassen, bis das Gemüse gerade eben zart ist.

3 In einer Küchenmaschine oder mit einem Stabmixer zerkleinern und abschmecken. Sahne, Frischkäse oder Joghurt unterrühren oder Suppe in Suppentassen füllen und mit einem Klecks Sahne auftragen.

PRO RATION GLYKÄMISCHE LAST 0; PROTEIN 6 G; KOHLENHYDRATE 5 G; FETT 10 G (DAVON 3 G GESÄTTIGTE FETTE); FASERSTOFFE 3 G

IM VORAUS ZUBEREITEN DIE SUPPE KANN AM VORTAG ZUBEREITET WERDEN, ALLERDINGS OHNE SAHNE. IM KÜHLSCHRANK AUFBEWAHREN.

Kräftige Tomatensuppe

FÜR 4 PERSONEN

1 EL geklärte Butter
1 kleine Zwiebel, fein gehackt
500 g Tomaten, klein geschnitten
2 x 400 g gestückelte Dosentomaten
500 ml Gemüsefond
1/2 rote Chili, entkernt und gehackt
1 EL gehackte frische Thymianblätter
2 EL gehackte frische Petersilie (und ein wenig zusätzlich zum Garnieren)
1 Knoblauchzehe, fein gehackt
1 reife Avokado, geschält und gewürfelt (ein wenig zum Garnieren beiseite stellen)
2 EL geriebener Parmesan (nach Belieben)
Salz und Pfeffer
eine Prise Fruktose
1 EL Olivenöl

Tomaten enthalten viel Lycopene, einen der wirksamsten krebsvorbeugenden Radikalenfänger. Mit zusätzlicher Eiweißzufuhr in Form von gewürfeltem Truthahn oder Huhn, gekochten Garnelen, gedünstetem Fischfilet oder 1–2 halbierten gekochten Eiern pro Person wird aus der Suppe ein leichter Hauptgang.

1 Butter in einem großen Topf erhitzen. Zwiebeln darin weich garen. Frische Tomaten dazugeben, gut umrühren. Dosentomaten und Brühe hineingeben und rund 15 Minuten simmern lassen.

2 Hitze fast ganz wegnehmen und Mischung mit einem Stabmixer zu einer glatten Masse verarbeiten. Chili, Kräuter, Knoblauch, Avokado und, sofern verwendet, Parmesan hineingeben und erneut zerkleinern. Mit Salz, Pfeffer und Fruktose abschmecken. In vorgewärmten Schüsseln mit Olivenöl und etwas Petersilie und Avokado servieren.

PRO RATION GLYKÄMISCHE LAST 0; PROTEIN 7 G; KOHLENHYDRATE 13 G; FETT 15 G (DAVON 5 G GESÄTTIGTE FETTE); FASERSTOFFE 4 G

IM VORAUS ZUBEREITEN DIE GRUNDLAGE FÜR DIE SUPPE AM VORTAG ZUBEREITEN. GUT ERHITZEN, CHILI UND ANDERE GEWÜRZE UNTERRÜHREN. DIE SUPPE KANN IM ANSCHLUSS AN DEN UNTER 1 BESCHRIEBENEN ARBEITSSCHRITT AUCH EINGEFROREN WERDEN.

Pilzsuppe mit Ziegenkäse

FÜR 4 PERSONEN

500 g Pilze
1 EL geklärte Butter
1 kleine Zwiebel oder 2 Schalotten, gehackt
1 Knoblauchzehe, fein gehackt
1 EL frische Thymianblätter oder 1/2 TL getrockneter Thymian
800 ml Gemüse- oder Hühnerbrühe
200 ml Sahne
100 g Ziegenkäse, entrindet
1 reife Avokado
Salz und Pfeffer
200 g Räucherschinken, in Streifen geschnitten
frische Kräuter oder Kräuteröl (Seite 68) zum Garnieren

Durch die Zugabe von Ziegenkäse wird aus der gehaltvollen, herbstlichen Pilzsuppe ein Hauptgericht. Vegetarier können den Schinken weglassen und stattdessen mehr Käse verwenden. Es eignet sich jede Art von Pilzen, auch eine Mischung aus Zucht- und Waldpilzen. Eine zusätzliche Hand voll getrockneter Pilze ergibt einen besonders intensiven Geschmack; man weicht sie eine halbe Stunde zuvor in heißem Wasser ein.

1 Pilze säubern; wenn sie sehr schmutzig sind, eventuell waschen. Klein hacken oder in Scheiben schneiden und die Hälfte beiseite stellen.

2 Die Hälfte der Butter in einem großen Topf schmelzen und die Hälfte der Pilze, Zwiebeln oder Schalotten und Knoblauch dazugeben. Bei mittlerer Hitze goldbraun braten, den Thymian hinzugeben und noch ein paar Minuten garen. Die Brühe zugießen, die Sahne einrühren und 5 Minuten simmern lassen.

3 Den Käse in die Suppe krümeln und bei niedriger Temperatur schmelzen lassen.

4 Die geschälte und klein geschnittene Avokado hinzugeben. Suppe in einer Küchenmaschine oder mit einem Stabmixer pürieren und abschmecken.

5 Die übrigen Pilze mit der restlichen Butter in einer Pfanne anbraten. Die heiße Suppe in 4 vorgewärmte Suppentassen füllen. In jede ein paar Pilze und etwas Schinken geben und die Suppe mit frischen Kräutern bestreuen oder mit ein paar Tropfen Kräuteröl beträufeln.

PRO RATION GLYKÄMISCHE LAST 0; PROTEIN 18 G; KOHLENHYDRATE 6 G; FETT 26 G (DAVON 14 G GESÄTTIGTE FETTE); FASERSTOFFE 3 G

IM VORAUS ZUBEREITEN DIE ERSTEN ZWEI ARBEITSSCHRITTE VORBEREITEN. BIS ZU 2 TAGE IM KÜHLSCHRANK AUFBEWAHREN ODER EINFRIEREN.

Gazpacho

FÜR 4 PERSONEN

- 500 ml Tomatensaft
- 200 ml Gemüsebrühe
- 2 Schalotten, fein geschnitten
- 1 Gurke, geschält und geraspelt
- 1 kleine grüne Paprikaschote, fein geschnitten
- 1 kleine rote Paprikaschote, fein geschnitten
- 1/2 grüne Chili, entkernt und fein geschnitten
- 2 EL glatte Petersilie, gehackt
- 1 Knoblauchzehe, gehackt
- 1 TL Worcestersauce
- 1 TL Fruktose
- 1 EL Olivenöl
- 1 TL kaltpresstes Leinsamenöl
- 1–2 Tropfen Tabasco
- 1/2 TL Salz
- schwarzer Pfeffer

ZUM GARNIEREN

- 1 Tomate, fein gewürfelt
- 1 EL Schnittlauch, fein gehackt
- 45 g Feta, zerkrümelt

Meine Version des spanischen Klassikers. Die Garnitur wird manchmal in kleinen Schüsseln gereicht; nach Belieben kann sie um gehackte Frühlingszwiebeln, gehackte hartgekochte Eier und fein gewürfelte Gurke erweitert werden.

1 Die Hälfte des Tomatensafts mit Brühe, Schalotten, Gurke, Paprikaschoten, Chili, Petersilie, Knoblauch, Worcestersauce, Fruktose und Olivenöl in einer Küchenmaschine zerkleinern. So viel Tomatensaft zugeben, bis die Suppe die gewünschte Konsistenz hat. Mindestens 2 Stunden kalt stellen.

2 Vor dem Servieren Leinsamenöl und Tabasco unterrühren und mit Salz und Pfeffer abschmecken. In gekühlte Schüsseln füllen und nach Belieben Eiswürfel zugeben. Mit Tomatenwürfeln, Schnittlauch und Feta garnieren.

PRO RATION GLYKÄMISCHE LAST 2; PROTEIN 6 G; KOHLENHYDRATE 12 G; FETT 6 G (DAVON 2 G GESÄTTIGTE FETTE); FASERSTOFFE 3 G

IM VORAUS ZUBEREITEN DEN ERSTEN ARBEITSSCHRITT VORBEREITEN UND GAZPACHO BIS ZU 2 TAGE IM KÜHLSCHRANK AUFBEWAHREN.

Provenzalische Hühner-Gemüse-Suppe

FÜR 4 PERSONEN

1 Stange Lauch
2 Karotten
1 Stange Sellerie
1 Zucchini
10 grüne Bohnen
4 große Strunktomaten
1 EL geklärte Butter
2 Zweige Thymian oder 1/2 TL getrockneter Thymian
1 Lorbeerblatt
1 Liter Hühnerbrühe
4 Hähnchenbrustfilets, enthäutet und in Streifen geschnitten
Salz und Pfeffer

PISTOU

1 großer Bund Basilikum
2 Knoblauchzehen
2 EL Parmesan, frisch gerieben
100 ml Olivenöl
Salz und Pfeffer

In Anlehnung an die klassische südfranzösische Gemüsesuppe, hier die leichtere Version mit Huhn für ein ausgewogenes Verhältnis von Eiweiß und Kohlenhydraten – und das Ganze ist in einer Viertelstunde zubereitet! Ein Löffel voll Basilikum-Knoblauch-Pistou sorgt für die aromatische Abrundung; wahlweise kann man auch fertiges Pesto verwenden.

1 Gemüse in zentimetergroße Würfel oder Streifen schneiden. Butter in einem großen Topf erhitzen und alles Gemüse bis auf die Tomaten hineingeben. 3 EL Wasser zugeben und Deckel aufsetzen. Bei kleiner Hitze kochen, bis die Flüssigkeit verdampft ist. Thymian, Lorbeerblatt und Brühe zum Gemüse geben, aufkochen und simmern lassen, bis das Gemüse zart ist.

2 In der Zwischenzeit das Pistou zubereiten. Basilikum, Knoblauch und Parmesan kurz in einer Küchenmaschine zerkleinern. Bei laufender Maschine nach und nach Olivenöl zugeben, bis eine glatte Masse entsteht. Mit Salz und Pfeffer abschmecken.

3 Das Hühnerfleisch in die Suppe geben und nochmals 3–4 Minuten simmern lassen, bis das Huhn durchgegart ist. Nach Belieben Pistou unterrühren, die Tomaten hinzugeben und abschmecken.

PRO RATION GLYKÄMISCHE LAST 2; PROTEIN 32 G; KOHLENHYDRATE 7 G; FETT 38 G (DAVON 11 G GESÄTTIGTE FETTE); FASERSTOFFE 3 G

IM VORAUS ZUBEREITEN DIE DOPPELTE MENGE AN SUPPE ZUBEREITEN (ARBEITSSCHRITT 1) UND BIS ZU 1 MONAT EINFRIEREN. DIE TIEFGEFRORENE SUPPE GUT DURCHERHITZEN. HÜHNCHENFLEISCH HINZUGEBEN UND GAREN. DIE TOMATEN UNMITTELBAR VOR DEM AUFTRAGEN HINZUGEBEN. DAS PISTOU KANN BIS ZU 4 TAGE IM VORAUS ZUBEREITET UND IM KÜHLSCHRANK AUFBEWAHRT WERDEN.

Kichererbsensuppe mit Kräuteröl und Feta

FÜR 4 PERSONEN

3 EL Olivenöl
1 große Zwiebel, gehackt
350 g getrocknete Kichererbsen, über Nacht eingeweicht
1 EL Maismehl
Saft einer Zitrone
3 EL gehackte glatte Petersilie
Salz und Pfeffer
50 g Feta, zerkrümelt

KRÄUTERÖL

100 ml Olivenöl
1 großer Bund frische Kräuter (z. B. Basilikum, Thymian, Koriander), gehackt
50 g Parmesan, gerieben

Für eine Hauptmahlzeit reichen Sie einen knackigen grünen Salat zu der gehaltvollen Suppe. Anstelle von Feta können Sie zur Abrundung auch fein geriebenen Parmesan verwenden.

1 Olivenöl in einem großen Topf bei niedriger Temperatur erhitzen, Zwiebeln hinzugeben und goldgelb anbraten. Kichererbsen abgießen und in den Topf geben. So viel Wasser zugeben, dass es rund 5 cm über den Kichererbsen steht und aufkochen. Hitze reduzieren und simmern lassen; aufsteigenden Schaum dabei hin und wieder abschöpfen, bis die Kichererbsen nach rund 1,5 Stunden weich sind.

2 In der Zwischenzeit das Kräuteröl zubereiten. Olivenöl, Kräuter und Parmesan mit einem Stabmixer zu einer dicken, pestoartigen Masse verarbeiten.

3 Das Maismehl mit dem Zitronensaft anrühren und unter ständigem Rühren in die Suppe geben. Petersilie hinzugeben und mit etwas Salz und Pfeffer abschmecken. 2 Schöpfkellen Suppe in ein hohes Gefäß füllen und kurz mit einem Stabmixer zerkleinern, aber nicht pürieren. Mischung wieder in den Topf geben.

4 Die Suppe in vorgewärmte Schüsseln füllen, ein wenig Feta darüberstreuen und mit Kräuteröl beträufeln.

PRO RATION GLYKÄMISCHE LAST 13; PROTEIN 23 G; KOHLENHYDRATE 52 G; FETT 27 G (DAVON 6 G GESÄTTIGTE FETTE); FASERSTOFFE 10 G

IM VORAUS ZUBEREITEN DIE SUPPE HÄLT SICH BIS ZU 3 TAGE IM KÜHLSCHRANK UND BIS ZU 3 MONATE IN DER TIEFKÜHLTRUHE.

Griechische Bohnensuppe

FÜR 6 PERSONEN

200 g Cannellini-Bohnen oder andere getrocknete weiße Bohnen, 12–14 Stunden eingeweicht
2,5 Liter kräftige Hühner- oder Gemüsebrühe
2 Lorbeerblätter
1 milde Zwiebel, fein gehackt
2 Knoblauchzehen, zerdrückt
2 Karotten, gewürfelt
1 Selleriestange, fein geschnitten (Blätter zum Garnieren aufheben)
200 g Eiertomaten, gehäutet, entkernt und gewürfelt oder fein gestückelte Dosentomaten
Saft einer Zitrone
6 EL Olivenöl
Salz und Pfeffer
1 TL kaltgepresstes Leinsamenöl (nach Belieben)
4–6 EL fein gehackte glatte Petersilie

In Griechenland ist diese Suppe als fassoláda *bekannt; für viele Griechen hat sie den Rang eines Nationalgerichts.*

1 Bohnen abtropfen lassen und in einen großen Topf füllen. Brühe mit Lorbeerblättern zugießen. Aufkochen lassen, Hitze reduzieren und 1,5 Stunden simmern lassen.

2 Hitze nochmals reduzieren. Zwiebeln, Knoblauch, Karotten und Sellerie hinzugeben und weitere 30 Minuten simmern lassen.

3 Tomaten, Zitronensaft und die Häflte des Olivenöls in die Suppe geben. Salzen und pfeffern. Weitere 30 Minuten simmern lassen, bis die Bohnen ganz weich sind.

4 Topf vom Herd nehmen und Suppe abschmecken. In Suppentassen füllen und mit dem restlichen Olivenöl und dem Leinsamenöl beträufeln. Petersilie darüberstreuen und, wenn gewünscht, mit den Sellerieblättern garnieren. Heiß auftragen.

PRO RATION GLYKÄMISCHE LAST 6; PROTEIN 8 G; KOHLENHYDRATE 22 G; FETT 12 G (DAVON 2 G GESÄTTIGTE FETTE); FASERSTOFFE 5 G

IM VORAUS ZUBEREITEN DAS AUFWÄRMEN AM TAG NACH DER ZUBEREITUNG KOMMT WENIGEN GERICHTEN SO ZUGUTE WIE DIESER SUPPE. MAN KANN DIE MENGE AUCH VERDOPPELN UND BIS ZU 3 MONATE IN DER TIEFKÜHLTRUHE AUFBEWAHREN.

Linsensuppe mit Avokado und Truthahn

FÜR 4 PERSONEN

300 g getrocknete grüne Linsen
1 Liter Hühner- oder Gemüsebrühe
4 EL Olivenöl
1 Zwiebel, fein gehackt
2 Knoblauchzehen, fein gehackt
2 EL frischer Thymian oder 1 EL getrockneter
1 reife Avokado, geschält und klein geschnitten
ein wenig Zitronensaft
Salz und Pfeffer
200 g gegarte Truthahnbrust, in Streifen geschnitten
2–3 EL Basilikum, gezupft

Linsen sind sehr nahrhaft – eine gute Quelle für Protein und Faserstoffe sowie Mineralien wie Eisen, Zink und Magnesium. Eine beachtliche Extraportion Eiweiß liefert das Truthahnfleisch, wodurch die Suppe zur vollwertigen Mahlzeit wird. Anstelle des Fleisches kann man auch 100 g knusprig gebratenen mageren Schinken oder Feta verwenden. Sehr schmackhaft sind auch getrocknete oder im Ofen gegarte Tomaten (s. Seite 135).

1 Linsen in einem Sieb unter klarem Wasser gründlich abspülen. In einen großen Topf geben und mit Brühe aufkochen. Hitze reduzieren und 25–35 Minuten simmern lassen, bis die Linsen weich sind.

2 Die Hälfte des Olivenöls bei niedriger Temperatur erhitzen. Zwiebeln und Knoblauch hineingeben und zugedeckt 10 Minuten anbraten, bis die Zwiebeln glasig sind. Thymian hinzugeben und rühren, bis sich das Aroma entfaltet hat.

3 Mischung zu den Linsen geben und kurz mit einem Stabmixer vermengen. Avokado hineingeben und nochmals kurz vermengen. Wenn die Suppe zu dickflüssig ist, mit Brühe oder Wasser verdünnen. Mit Zitronensaft, Salz und Pfeffer abschmecken.

4 Truthahnbrust auf 4 vorgewärmte Suppenteller verteilen und die heiße Suppe darübergeben. Restliches Olivenöl darüberträufeln, mit Basilikum bestreuen und sofort auftragen.

PRO RATION GLYKÄMISCHE LAST 9; PROTEIN 35 G; KOHLENHYDRATE 40 G; FETT 18 G (DAVON 3 G GESÄTTIGTE FETTE); FASERSTOFFE 8 G

IM VORAUS ZUBEREITEN DIE SUPPE LÄSST SICH GUT EINFRIEREN; MAN KANN ALSO PRAKTISCHERWEISE GLEICH DIE DOPPELTE MENGE ZUBEREITEN. DIE AVOKADO UND DAS TRUTHAHNFLEISCH GIBT MAN ALLERDINGS ERST UNMITTELBAR VOR DEM SERVIEREN IN DIE SUPPE. IM KÜHLSCHRANK KANN SIE 3 TAGE AUFBEWAHRT WERDEN.

Avokadoschaum mit Huhn

FÜR 4 PERSONEN

- 4 Hähnchenbrustfilets à 150 g
- 2 EL Olivenöl
- Salz und Pfeffer
- 2 EL gehackte Kräuter, z. B. Basilikum, Dill, Koriander, Petersilie (nach Belieben)
- 1 EL geklärte Butter
- 1 kleine Zwiebel oder 2 Schalotten, gehackt
- 1/2 TL Currypulver
- 1 EL gehackter frischer Thymian oder 1/2 TL getrockneter
- 1/2 rote Chili, entkernt und fein gehackt
- 800 ml Hühnerbrühe
- 200 ml Sahne
- 2 reife Avokados
- 1/2 TL Fruktose
- frische Kräuter oder Kräuteröl (s. Seite 68)

Durch das Hühnerfleisch wird die mild gewürzte Suppe zur vollwertigen Mahlzeit. Bei niedriger Temperatur gegart, bleibt das Fleisch zart und saftig.

1 Ofen auf 120 °C (Gas 1/2 Flamme) oder niedrigste Stufe vorheizen. Hühnerfleisch in einer nicht haftenden Pfanne bei niedriger Temperatur in etwas Öl anbraten, bis es gebräunt ist. Mit Salz und Pfeffer würzen und zusammen mit den Kräutern, sofern verwendet, in eine nicht haftende Bratenform geben. 30–35 Minuten garen; wenn man das Huhn mit einem dünnen Fleischspieß ansticht, sollte klarer Saft austreten.

2 In der Zwischenzeit Butter bei milder Hitze in einem Topf schmelzen und Zwiebeln oder Schalotten darin anbraten, bis sie glasig sind. Currypulver, Thymian und Chili hinzugeben und eine weitere Minute garen. Brühe und Sahne zugeben und 5 Minuten simmern lassen.

3 Avokados schälen, klein schneiden und mit der Fruktose in die Suppe geben. Mit einem Stabmixer vermengen, bis eine glatte, schaumige Masse entsteht. Mit Salz und Pfeffer abschmecken.

4 Hühnerfleisch in dünne Streifen schneiden und in 4 vorgewärmte, tiefe Suppenteller geben. Suppe und frische Kräuter oder ein paar Tropfen Olivenöl darübergeben.

PRO RATION GLYKÄMISCHE LAST 0; PROTEIN 29 G; KOHLENHYDRATE 5 G; FETT 27 G (DAVON 12 G GESÄTTIGTE FETTE); FASERSTOFFE 2 G

Salat Nizza mit gegrillten Meeresfrüchten

FÜR 4 PERSONEN

1 Lollo rosso oder Romana-Salat, in einzelne Blätter zerteilt
300 g Thunfischfilet, in vier Teile geschnitten
1 gelbe Zucchini, in 5 mm-Scheiben geschnitten
12 große Kammmuscheln ohne Schale
8 große Garnelen oder Langusten, geschält und längs halbiert
200 g grüne Bohnen, halbiert
1 EL Olivenöl
1 rote Paprikaschote, entkernt und in Streifen geschnitten
200 g gelbe oder rote Kirschtomaten, geviertelt
90 g grüne Oliven, entsteint und längs halbiert

DRESSING

3 EL roter Weinessig
1 EL Dijon-Senf
1 EL Sardellenpaste
1/2 TL getrockneter Thymian
1/2 TL Fruktose
5 EL Olivenöl

Ein beeindruckend farbenfroher Salat und ein sättigendes Hauptgericht zugleich. Wenn Sie keine Langusten bekommen, nehmen Sie stattdessen Tintenfisch, vorzugsweise zarte Exemplare von ca. 10–12 cm Länge: Tentakel entfernen und den Körpersack gründlich reinigen; durchschneiden und die Oberfläche vor dem Grillen kreuzweise einschneiden. Anstelle von Thunfisch können Sie auch rotes Meerbarbenfilet verwenden.

1 Salatblätter zum Auffrischen mehrere Minuten in eine große Schüssel mit kaltem Wasser legen. Abgießen und gut trocknen (in einer Salatschleuder, wenn vorhanden).

2 In der Zwischenzeit in einer kleinen Schüssel die Zutaten für das Dressing mit einem Stabmixer vermengen oder in einem Schraubglas schütteln.

3 Thunfisch und Zucchini auf ein Backblech legen und beidseitig mit etwa 2 EL Dressing bestreichen. Kammmuscheln und Garnelen oder Langusten in eine Schüssel geben und 2 weitere EL Dressing darübergeben. Beides mindestens 15 Minuten marinieren lassen.

4 Bohnen in einen Topf mit kochendem Wasser geben und rund 3 Minuten blanchieren. In einem Sieb abtropfen lassen und unter kaltem Wasser abspülen, bis sie erkaltet sind. Bohnen mit 2 EL Dressing in eine Schüssel geben und ziehen lassen.

5 Olivenöl in einer Pfanne erhitzen und Paprika bei mäßiger Hitze weich garen. Abkühlen lassen.

6 Grill vorbereiten (wenn Sie drinnen kochen, Grill stark vorheizen oder eine gerillte Grillpfanne bzw. eine schwere Bratpfanne erhitzen). Alle Meeresfrüchte von jeder Seite rund 2 Minuten garen.

7 Auf 4 Tellern ein Bett aus Salatblättern anrichten. Kammmuscheln, Garnelen, Thunfisch, Zucchini, Bohnen, Paprika, Tomaten und Oliven auf die Teller verteilen. Über jede Portion ein wenig Dressing verteilen und den Rest separat auf den Teller geben.

PRO RATION GLYKÄMISCHE LAST 0; PROTEIN 34 G; KOHLENHYDRATE 10 G; FETT 31 G (DAVON 5 G GESÄTTIGTE FETTE); FASERSTOFFE 4 G

Salat mit Räucherlachs, Blumenkohl und Kichererbsen

FÜR 4 PERSONEN

1 kleiner Blumenkohl, in Röschen zerteilt
400 g Kichererbsen aus der Dose, abgegossen und abgespült
150 g Räucherlachs, in Streifen geschnitten
2 hartgekochte Eier, in Scheiben geschnitten oder grob gehackt

DRESSING

75 g Frischkäse
2 EL Olivenöl
1 kleiner Bund frischer Dill, gehackt
Saft einer Zitrone
1/2 TL Fruktose
Salz und Pfeffer

Ein köstlicher, eiweißreicher Salat und ein perfektes Mittag- oder Abendessen, wenn die Zeit knapp bemessen ist.

1 Blumenkohl in reichlich leicht gesalzenem, kochendem Wasser garen, bis er weich ist, aber noch nicht auseinanderfällt. In einem Sieb gut abtropfen und abkühlen lassen.

2 Zutaten für das Dressing vermengen und mit Salz und Pfeffer abschmecken.

3 Blumenkohl und Kichererbsen in einer Salatschüssel vermischen und Räucherlachs und Eier hinzugeben. Mit dem Dressing übergießen und leicht vermengen. Wenn gewünscht, noch etwas Dill darüberstreuen und sofort servieren.

PRO RATION GLYKÄMISCHE LAST 1; PROTEIN 23 G; KOHLENHYDRATE 18 G; FETT 14 G (DAVON 3 G GESÄTTIGTE FETTE); FASERSTOFFE 5 G

Salat mit Thunfisch, Kichererbsen und Avokado

FÜR 4 PERSONEN

2 Avokados
400 g in Wasser eingelegter Thunfisch aus der Dose, abgetropft und zerpflückt
1 rote Zwiebel, in kleine Keile geschnitten
2 EL Essiggurken, fein geschnitten
1 EL fein gehackter Dill

DRESSING

2 EL Weißweinessig
4 EL Olivenöl
1 TL Dijon-Senf
1/2 TL Fruktose
2 EL Parmesanm, frisch gerieben
Salz und Pfeffer

Der Inbegriff der Einfachheit. Den Thunfisch kann man für eine noch schnellere Salat-Variante auch mit gehackten Eiern, fein gehackter Zwiebel und Essiggurken vermengen und ein paar Esslöffel Frischkäse darübergeben.

1 Zutaten für das Dressing mit einem Stabmixer vermengen und mit Salz und Pfeffer abschmecken.

2 Avokados halbieren und den Kern entfernen. Das Fleisch mit einem Löffel herauslösen und würfeln.

3 Thunfisch, Avokado, Kichererbsen, rote Zwiebel, Essiggurken und Dill in einer Salatschüssel mischen. Leicht mit dem Dressing vermengen.

PRO RATION GLYKÄMISCHE LAST 4; PROTEIN 34 G; KOHLENHYDRATE 18 G; FETT 26 G (DAVON 6 G GESÄTTIGTE FETTE); FASERSTOFFE 6 G

Salat mit Huhn, Aubergine und Minze

FÜR 4 PERSONEN

- 1 EL geschmolzene geklärte Butter
- 4 Hähnchenbrustfilets, enthäutet und entbeint
- Salz und Pfeffer
- 1 Aubergine, in 1 cm dicke Scheiben geschnitten
- 2 Frühlingszwiebeln, in Scheibchen geschnitten.
- eine gute Hand voll frische Minzeblätter
- 2 EL Sonnenblumenkerne, geröstet

DRESSING

- 3 EL Fruktose
- 2 EL Fischsauce
- 2 Knoblauchzehen, fein gehackt
- 1 grüne Chili, entkernt und fein gehackt
- Saft von 4 Limetten
- 4 EL Olivenöl
- 1 Stengel Zitronengras (harte äußere Blattschichten entfernen), fein gehackt (nach Belieben)
- 1 kleine Zwiebel, gehackt

Aubergine und Minze sind typisch mediterrane Zutaten, wohingegen das würzig-saure Dressing aus der thailändischen Küche stammt.

1 Ofen auf 120 °C (Gas 1/2 Flamme) oder niedrigste Stufe vorheizen. Eine gerillte Grillpfanne erhitzen und mit der Hälfte der geschmolzenen Butter einreiben. Hähnchenbrustfilets mit etwas Salz und Pfeffer würzen und von beiden Seiten rostgrillen, bis Grillmarkierungen sichtbar sind.

2 Filets in eine Bratenform legen und in den Ofen stellen. 25–30 Minuten garen; wenn man mit einem dünnen Spieß in das Fleisch sticht, sollte der austretende Saft klar sein. Abkühlen lassen, bis das Fleisch lauwarm ist.

3 Grillpfanne auswischen und mit der restlichen Butter einreiben. Die Auberginenscheiben von beiden Seiten gleichmäßig rostgrillen, bis sie zart sind. Aus der Pfanne nehmen und abkühlen lassen.

4 Für das Dressing Fruktose, Fischsauce, Knoblauch, Chili, Limettensaft und Olivenöl in einer kleinen Schüssel gut vermengen. Zitronengras und Zwiebel unterrühren.

5 Hühnerfleisch in Streifen schneiden oder mit der Hand zerteilen; Auberginen würfeln. Beides mit den Frühlingszwiebeln auf einer Platte anrichten und das Dressing darübergeben. Zugedeckt 30 Minuten ziehen lassen, bis sich die Aromen entfaltet haben.

6 Mit Minzeblättern und gerösteten Sonnenblumenkernen bestreuen und auftragen.

PRO RATION GLYKÄMISCHE LAST 4; PROTEIN 29 G; KOHLENHYDRATE 22 G; FETT 23 G (DAVON 6 G GESÄTTIGTE FETTE); FASERSTOFFE 2 G

◂ Salat mit Huhn, Walnüssen und roten Bohnen

FÜR 4 PERSONEN

- 1 reife Avokado
- 400 g rote Kidneybohnen aus der Dose, abgegossen und abgespült
- 400 g gekochtes Hühnerfleisch, grob zerteilt
- 1 kleine rote Zwiebel, in dünne Scheiben geschnitten
- 75 g wilder Rucola
- 1 kleiner Lollo rosso oder sonstiger roter Blattsalat, grob gerupft, falls große Blätter
- 2 reife Tomaten, geachtelt
- 50 g Walnüsse

DRESSING

- Saft einer Zitrone
- 3 EL Olivenöl
- 1 EL Balsamico-Essig
- 1 EL Sojasauce
- 1 EL Dijon-Senf
- 1 TL Fruktose
- Salz und Pfeffer

Ein sättigender Salat für eine Hauptmahlzeit, der zudem sehr variantenreich ist: Statt Lollo rosso können Sie auch jungen Spinat verwenden, statt roter Bohnen Kichererbsen. Wer keine Walnüsse mag, kann dem Gericht mit einem in dünne Scheiben geschnittenen, jungen Lauch eine pikante Note geben.

1 Avokado halbieren, Kern und Schale entfernen (am einfachsten mit einem Löffel, mit dem man unter das Fleisch fährt und es in einem Stück herauslöst). In kleine Würfel schneiden.

2 Avokado mit allen übrigen Zutaten – außer den Walnüssen – in einer Salatschüssel mischen.

3 Die Zutaten für das Dressing in ein Schraubglas geben und gut schütteln. Über den Salat geben und kurz vermengen. Walnüsse darüberstreuen.

PRO RATION GLYKÄMISCHE LAST 5; PROTEIN 36 G; KOHLENHYDRATE 21 G; FETT 27 G (DAVON 4 G GESÄTTIGTE FETTE); FASERSTOFFE 8 G

Tomatensalat mit Bohnen und Basilikum

FÜR 4 PERSONEN

- 500 g reife Tomaten, in große Stücke geschnitten
- 1 Zwiebel, fein gehackt
- 500 g schwarze Bohnen, gekocht oder aus der Dose oder Kichererbsen (Konservenware gut abtropfen lassen und abspülen)

DRESSING

- 1 großer Bund Basilikum, grob gehackt
- 2 Knoblauchzehen, gehackt
- 100 ml Olivenöl
- 2 TL weißer Balsamico
- eine Prise Fruktose zum Abschmecken
- Salz und Pfeffer

Schinken oder Truthahnfleisch als Extras zu diesem Salat ergeben eine nahrhafte Mahlzeit. Unmittelbar vor dem Servieren kann man auch ein wenig klein geschnittene Avokado darüber verteilen.

1 Tomaten, Zwiebel und Bohnen oder Kichererbsen in einer Salatschüssel mischen.

2 Die Zutaten für das Dressing in ein schmales, hohes Gefäß geben und mit dem Stabmixer oder in einer Küchenmaschine vermengen. Mit Salz und Pfeffer abschmecken.

3 Das Dressing über den Salat geben und vorsichtig, aber gründlich vermengen. Eine Weile ziehen lassen, damit sich die Aromen entfalten.

PRO RATION GLYKÄMISCHE LAST 6; PROTEIN 10 G; KOHLENHYDRATE 27 G; FETT 26 G (DAVON 4 G GESÄTTIGTE FETTE); FASERSTOFFE 7 G

Italienischer Bohnensalat

FÜR 4 PERSONEN

75 g wilder Rucola

400 g Artischockenherzen aus der Dose, abgetropft, abgespült und in kleine Stücke geschnitten

400 g rote Kidneybohnen aus der Dose, abgetropft und abgespült

100 g gebratene Truthahnbrust, in Streifen geschnitten

100 g gekochter Schinken, in Streifen geschnitten

3 große, reife Tomaten, gewürfelt

4 hartgekochte Eier, geviertelt

2 EL geröstete Sonnenblumenkerne

DRESSING

2 EL Weißweinessig

3 EL Olivenöl

3 EL Wasser

2 Knoblauchzehen, zerdrückt

1 EL gehackter, frischer Oregano oder 1 TL getrockneter

2 EL gehackte frische Petersilie

Dieses Hauptgericht eignet sich gut für ein sommerliches Buffet.

1 Salatblätter abspülen und abtropfen lassen. Zusammen mit Artischockenherzen, Bohnen, Truthahn, Schinken und Tomaten in eine Schüssel geben.

2 Die Zutaten für das Dressing mit einem Stabmixer vermengen oder in einem Schraubglas schütteln.

3 Salat mit Eiern garnieren und mit Sonnenblumenkernen bestreuen. Dressing über den Salat oder auf den Rand geben.

PRO RATION GLYKÄMISCHE LAST 6; PROTEIN 29 G; KOHLENHYDRATE 20 G; FETT 20 G (DAVON 4 G GESÄTTIGTE FETTE); FASERSTOFFE 8 G

Weißer Bohnensalat

FÜR 4 PERSONEN

250 g getrocknete Butterbohnen oder andere große weiße Bohnen, über Nacht eingeweicht
1 rote oder weiße Zwiebel, fein gehackt
2 EL fein geschnittene Essiggurken
40 g sonnengetrocknete Tomaten, in Streifen geschnitten
2 EL gehackter frischer Schnittlauch oder 1/2 Stange Lauch, in dünne Scheiben geschnitten

DRESSING

75 g Frischkäse (idealerweise mit einem Fettgehalt von 1 %)
2 EL Crème fraîche oder saure Sahne (20 % Fett)
1 TL kaltgepresstes Leinsamenöl
Saft einer 1/2 Zitrone
gehackte frische Kräuter, z. B. Basilikum und glatte Petersilie
Salz und Pfeffer

Eine gute Alternative zu Kartoffelsalat und hervorragend zu Pökelfleisch. Wer es etwas schärfer möchte, gibt eine kleine, fein gehackte rote Chili hinzu.

1 Bohnen abtropfen lassen. Mit reichlich Wasser in einen Topf geben, aufkochen und rund 1 Stunde simmern lassen, bis die Bohnen ganz weich sind. Bohnen in ein Sieb abgießen und unter kaltem Wasser abschrecken.

2 Bohnen in einer großen Schüssel mit Zwiebel, Essiggurken, getrockneten Tomaten und Schnittlauch oder Lauch vermengen.

3 Die Zutaten für das Dressing mischen und mit Salz und Pfeffer abschmecken. Das Dressing über die Bohnen geben und alles miteinander vermengen. Salat auf einer Platte anrichten.

PRO RATION GLYKÄMISCHE LAST 10; PROTEIN 16 G; KOHLENHYDRATE 37 G; FETT 12 G (DAVON 2 G GESÄTTIGTE FETTE); FASERSTOFFE 8 G

Pikanter Nudel-Thunfisch-Salat

FÜR 4 PERSONEN

200 g getrocknete Fusilli (vorzugsweise aus Vollkornweizen)
1 Schlangengurke
75 g Frischkäse
Saft einer 1/2 Zitrone
2 EL gehackter frischer Dill
1 EL süße Chilisauce
1 EL kaltgepresstes Leinsamenöl (nach Belieben)
2 EL gehackte Essiggurken
Salz und Pfeffer
400 g in Wasser eingelegter Thunfisch, abgegossen und zerpflückt
20 Kirschtomaten, halbiert
1 rote Zwiebel, in dünne Scheiben geschnitten
1 EL Kapern

Ein Gericht, das man gut unter der Woche zubereiten kann, da es Zutaten aus der Vorratskammer enthält.

1 Nudeln in reichlich leicht gesalzenem, kochendem Wasser al dente kochen. In ein Sieb abgießen und abkühlen lassen.

2 Gurke schälen, der Länge nach durchschneiden und Kerne mit einem Teelöffel herauskratzen. Gurke in 4–5 cm lange Streifen schneiden.

3 Frischkäse mit Zitronensaft, Dill, Chilisauce, Leinsamenöl (nach Belieben) und Essiggurken in eine Schüssel geben. Mit Salz und Pfeffer abschmecken.

4 Nudeln, Thunfisch, Gurke, Tomaten und rote Zwiebel in einer großen Salatschüssel mischen. Das Dressing darübergeben und leicht vermengen. Kapern darüber verteilen.

PRO RATION GLYKÄMISCHE LAST 14; PROTEIN 33 G; KOHLENHYDRATE 47 G; FETT 5 G (DAVON 1 G GESÄTTIGTE FETTE); FASERSTOFFE 4 G

Garnelen mit Pesto und Nudelsalat

FÜR 4 PERSONEN

150 g getrocknete Fusilli (vorzugsweise aus Vollkornweizen)
15 g geklärte Butter
2 Selleriestangen, gewürfelt
1 grüne Paprika, entkernt und gewürfelt
2 Frühlingszwiebeln, fein geschnitten
400 g gekochte und geschälte Garnelen, aufgetaut, sofern gefroren
ungesalzene Erdnüsse (nach Belieben)

DRESSING

8 EL Pestosauce (s. Seite 86)
Zitronensaft

Ein einfacher, aber unglaublich schmackhafter Salat.

1 Nudeln in reichlich leicht gesalzenem, kochendem Wasser al dente kochen. In ein Sieb abgießen, unter kaltem Wasser abschrecken und gut abtropfen lassen.

2 Butter in einer Bratpfanne schmelzen. Sellerie und Paprika hinzugeben und gerade eben weich garen, aber nicht bräunen. Frühlingszwiebeln hinzugeben und ca. noch eine Minute garen. Gemüse aus der Pfanne nehmen und auf Zimmertemperatur abkühlen lassen.

3 Nudeln, Gemüse und Garnelen in eine Schüssel geben und gut mischen. Das Pesto mit etwas Zitronensaft verdünnen, über den Salat geben und gründlich vermengen. Nach Belieben vor dem Servieren ein paar Erdnüsse darüberstreuen.

PRO RATION GLYKÄMISCHE LAST 13; PROTEIN 29 G; KOHLENHYDRATE 32 G; FETT 28 G (DAVON 6 G GESÄTTIGTE FETTE); FASERSTOFFE 3 G

Nudelsalat mit Avokado und Zucchini ▸

FÜR 4 PERSONEN

300 g getrocknete Fusilli (vorzugsweise aus Vollkornweizen)
3 EL Olivenöl
1 Zucchini, in dünne Streifen geschnitten [auf Abb. eher dünne halbierte Scheiben]
2 reife Avokados
2 EL gehackte glatte Petersilie
Abrieb einer Zitrone

DRESSING

2 EL Weißweinessig
4 EL Olivenöl
1 TL Dijon-Senf
1/2 TL Fruktose
2 EL Parmesan, frisch gerieben
1 EL kaltgepresstes Leinsamenöl (nach Belieben)
Salz und Pfeffer

Eignet sich gut zu Fleisch oder Fisch oder als Teil eines Buffets.

1 Nudeln in reichlich leicht gesalzenem, kochendem Wasser al dente kochen und in ein Sieb abgießen. Mit 2 EL Olivenöl zurück in den Topf geben und gut vermengen, so dass sie gleichmäßig mit Olivenöl überzogen sind. Abkühlen lassen.

2 Das restliche Öl in einer Bratpfanne erhitzen. Zucchini dazugeben und garen, bis sie weich, aber nicht gebräunt sind. Vom Herd nehmen und abkühlen lassen.

3 Sämtliche Zutaten für das Dressing mit einem Stabmixer gut vermengen. Mit Salz und Pfeffer abschmecken.

4 Avokados halbieren und Kerne entfernen. Das Fleisch herauslösen und in Stücke schneiden.

5 Nudeln mit Avokado und Zucchini in einer großen Schüssel vermengen. Dressing darübergeben und leicht mit Petersilie und Zitronenabrieb mischen.

PRO RATION GLYKÄMISCHE LAST 18; PROTEIN 13 G; KOHLENHYDRATE 57 G; FETT 35 G (DAVON 7 G GESÄTTIGTE FETTE); FASERSTOFFE 4 G

Griechischer Salat

FÜR 4 PERSONEN

Romana-Salat, in Blätter zerteilt
2 große, reife Tomaten (vorzugsweise sonnengereift)
1 Schlangengurke, geschält und in Scheiben geschnitten
1 rote Zwiebel, in dünne Scheiben geschnitten
1 grüne Paprika, entkernt und in Streifen geschnitten
10–15 schwarze Oliven
125 g Feta, gewürfelt
2 TL gehackter frischer Oregano oder etwas getrockneter

DRESSING

100 ml Olivenöl
3 EL Weiß- oder Rotweinessig
etwas Senfpulver
Salz und Pfeffer

Ein fauler Sommertag in Griechenland ... Mittagessen im Freien in einer Taverne am Meer, ein Glas gut gekühlter Weißwein, griechischer Salat – und das Leben ist schön.

1 Für das Dressing Olivenöl, Essig, Senfpulver und etwas Salz und Pfeffer in ein Schraubglas geben und gut schütteln. Abschmecken.

2 Salatblätter in eine Schüssel oder auf eine Servierplatte geben. Die übrigen Zutaten darüber verteilen. Ein wenig Dressing darüber träufeln und den Rest auf den Rand geben.

PRO RATION GLYKÄMISCHE LAST 0; PROTEIN 7 G; KOHLENHYDRATE 9 G; FETT 30 G (DAVON 8 G GESÄTTIGTE FETTE); FASERSTOFFE 3 G

Blumenkohl-Brokkoli-Salat mit Parmesandressing

FÜR 4 PERSONEN

1 Blumenkohl, in Röschen zerteilt
1 Brokkolistrunk, in kleine Röschen zerteilt
50 g mageren Speck, in Streifen geschnitten

PARMESANDRESSING

3 EL Olivenöl
50 g Parmesan, fein gerieben
1/2 TL Fruktose
1 TL gehackter frischer Thymian oder 1/2 TL getrockneter
Salz und Pfeffer

Verwenden Sie auch die Brokkolistengel; sie schmecken ebenso gut wie die Röschen. Stengel dünn schälen und in dicke Scheiben schneiden. Der Salat kann auch warm serviert werden: Zunächst das Dressing zubereiten, über das heiße Gemüse geben und abschließend den Speck darüber verteilen.

1 Blumenkohl und Brokkoli in kochendes Wasser geben und rund 2 Minuten blanchieren. In ein Sieb abgießen und unter kaltem Wasser abschrecken.

2 Speck in einer Pfanne knusprig backen, bis das Fett herausläuft. Auf Küchenkrepp legen, damit das überschüssige Fett abtropft, und abkühlen lassen.

3 Zutaten für das Dressing in einen hohen, schmalen Behälter füllen und mit einem Stabmixer gut vermengen. Mit Salz und Pfeffer abschmecken.

4 Blumenkohl und Brokkoli auf eine Servierplatte geben, ein wenig Dressing darübergeben und den Speck darauf verteilen. Das restliche Dressing separat servieren.

PRO RATION GLYKÄMISCHE LAST 0; PROTEIN 17 G; KOHLENHYDRATE 6 G; FETT 16 G (DAVON 5 G GESÄTTIGTE FETTE); FASERSTOFFE 4 G

Joghurt-Curry-Dressing

FÜR 6–8 PERSONEN

1 TL Currypulver
Saft einer 1/2 Zitrone
200 g Joghurt natur
2 EL Olivenöl
1 cm frischer Ingwer, fein gerieben
1 TL Fruktose
ein wenig rote Chili, fein gehackt (nach Belieben)
Salz und Pfeffer

Dieses Dressing gibt vor allem Salaten mit Hühnerfleisch den letzten Pfiff. Anstelle von Joghurt kann man auch Frischkäse verwenden. Probieren Sie als weitere Abwandlung auch einmal gehackte Kräuter wie Koriander oder Zitronenthymian.

Currypulver in den Zitronensaft rühren, restliche Zutaten dazugeben und gut mischen. Dressing eine Stunde vor dem Auftragen in den Kühlschrank stellen, damit sich die Aromen gut entfalten.

ANGABEN FÜR REZEPT INSGESAMT GLYKÄMISCHE LAST 2; PROTEIN 10 G; KOHLENHYDRATE 21 G; FETT 24 G (DAVON 4 G GESÄTTIGTE FETTE); FASERSTOFFE 0 G

Chili-Koriander-Salsa mit Tomaten ▸

FÜR 6–8 PERSONEN

200 g reife Tomaten, klein geschnitten, oder gestückelte Dosentomaten
1 kleine rote Zwiebel, fein gehackt
2 Knoblauchzehen, fein gehackt
1 TL rote Chili, fein gehackt
2 EL fein gehackter frischer Koriander
2 EL Olivenöl
1 EL Balsamico
1 TL gemahlener Kumin (nach Belieben)
Salz und Pfeffer

Als Vorspeise mit anderen Salaten und Dips oder als Beilage zu gegrilltem oder gebackenem Fisch, Geflügel oder Fleisch. Im Winter, wenn man keine reifen Tomaten bekommen kann, nimmt man besser Dosentomaten. Die Salsa ist aromatischer, wenn sie vor dem Servieren ein paar Stunden kalt gestellt wird.

Alle Zutaten in einer Schüssel vermengen und mit etwas Salz und Pfeffer abschmecken.

ANGABEN FÜR REZEPT INSGESAMT GLYKÄMISCHE LAST 1; PROTEIN 4 G; KOHLENHYDRATE 18 G; FETT 22 G (DAVON 3 G GESÄTTIGTE FETTE); FASERSTOFFE 3 G

Auberginenpüree ▸

FÜR 4–6 PERSONEN

500 g Auberginen
15 g geklärte Butter
50 g Schalotten, fein gehackt
1 Knoblauchzehe, zerdrückt
100 g reife Tomaten, enthäutet, entkernt und gewürfelt
1 gehäufter TL frische glatte Petersilie, fein gehackt
1 gehäufter TL frischer Koriander, fein gehackt
3 EL Olivenöl
2 TL kaltgepresstes Leinsamenöl (nach Belieben)
ein wenig frisch gepresster Zitronensaft
Salz und Pfeffer

Kann warm oder mit Zimmertemperatur serviert werden. Man benötigt unbedingt frische, reife Tomaten; Dosentomaten eignen sich nicht für dieses Rezept.

1 Grill auf hoher Stufe vorheizen. Auberginen grillen, bis die Haut gleichmäßig schwarz, aber nicht verkohlt ist (man kann auch einen Gaskocher verwenden und die Auberginen auf eine Metallgabel mit langem Griff spießen). Wenn sie ausreichend abgekühlt sind, häuten und das Fleisch sehr fein schneiden. In eine Schüssel geben.

2 Butter in einer Pfanne schmelzen, Schalotten und Knoblauch hineingeben und garen, bis die Schalotten weich, aber nicht gebräunt sind. Tomaten und Kräuter zugeben. 2 Minuten garen, bis sich die Aromen entfaltet haben.

3 Tomaten-Schalotten-Mischung zu den Auberginen geben. Öle und Zitronensaft hinzugeben und gut vermengen. Mit Salz und Pfeffer abschmecken.

ANGABEN FÜR REZEPT INSGESAMT GLYKÄMISCHE LAST 1; PROTEIN 6 G; KOHLENHYDRATE 18 G; FETT 58 G (DAVON 14 G GESÄTTIGTE FETTE); FASERSTOFFE 12 G

Pestosauce

FÜR 6–8 PERSONEN

75 g Pinienkerne
90 g frische Basilikumblätter
3 Knoblauchzehen, zerdrückt
50 g Parmesan, frisch gerieben
300 ml Olivenöl
Salz und Pfeffer

Die Zutaten ergeben ein festes Pesto. Eine dünnflüssigere Konsistenz, beispielsweise für eine Salatsauce, erhält man, indem man die entsprechende Menge Öl zugibt.

1 Pinienkerne in einer Pfanne ohne Fett leicht rösten. Sie sollten goldfarben, aber nicht gebräunt sein.

2 Pinienkerne mit allen übrigen Zutaten in eine Küchenmaschine geben und zu einer glatten Masse verarbeiten (man kann auch einen Stabmixer verwenden). Mit Salz und Pfeffer abschmecken.

ANGABEN FÜR REZEPT INSGESAMT GLYKÄMISCHE LAST 0; PROTEIN 33 G; KOHLENHYDRATE 4 G; FETT 341 G (DAVON 52 G GESÄTTIGTE FETTE); FASERSTOFFE 3 G

Basilikum-Senf-Dressing

FÜR 8–10 PERSONEN

200 ml Olivenöl
90 g frisches Basilikum, Blätter und Stängel
3 Knoblauchzehen, fein gehackt
2 EL Senf mit ganzen Körnern
Salz und Pfeffer
eine Prise Fruktose zum Abschmecken

Anstelle von Basilikum können Sie auch Estragon oder Oregano verwenden.

Alle Zutaten in einer Küchenmaschine zu einer glatten Masse verarbeiten (man kann auch einen Stabmixer verwenden). Alternativ dazu kann man das Basilikum auch fein hacken und mit allen übrigen Zutaten in einer Schüssel vermengen. Mit Salz, Pfeffer und Fruktose abschmecken. Dressing etwas ziehen lassen, damit sich die Aromen entfalten.

ANGABEN FÜR REZEPT INSGESAMT GLYKÄMISCHE LAST 0; PROTEIN 5 G; KOHLENHYDRATE 6 G; FETT 184 G (DAVON 25 G GESÄTTIGTE FETTE); FASERSTOFFE 4 G

Avokadodip

FÜR 2–4 PERSONEN

2 reife Avokados
Saft von einer 1/2 Zitrone
75 g Frischkäse
1/4 rote Chili, entkernt und fein gehackt
2 Knoblauchzehen, fein gehackt
1 Schalotte, fein gehackt
Salz und Pfeffer
eine Prise Fruktose zum Abschmecken

Als Vorspeise oder Snack zu gestifteltem Gemüse reichen.

1 Avokados halbieren und Kerne entfernen. Fleisch mit einem Teelöffel herauslösen. Braune Stellen herausschneiden.

2 Avokadofleisch in eine Schüssel geben und mit einer Gabel zerdrücken (die Masse muss nicht ganz glatt sein). Zitronensaft hinzufügen.

3 Frischkäse, Chili, Knoblauch und Schalotte hinzugeben und gut vermengen. Mit Salz, Pfeffer und Fruktose abschmecken.

ANGABEN FÜR REZEPT INSGESAMT GLYKÄMISCHE LAST 2; PROTEIN 9 G; KOHLENHYDRATE 13 G; FETT 44 G (DAVON 11 G GESÄTTIGTE FETTE); FASERSTOFFE 7 G

Hummus

FÜR 6–8 PERSONEN

400 g gekochte oder konservierte Kichererbsen
100 g Tahin (Sesampaste)
2 Knoblauchzehen, zerdrückt
3 EL Olivenöl
Saft einer Zitrone
Salz und Pfeffer
1 TL Paprikapulver (süß)
ein wenig frische gehackte Petersilie

Eine Schüssel mit Hummus in der Mitte einer Tafel und rohes, gestifteltes Gemüse ringsum sind ein perfekter Snack. Hummus kann man auch anstelle von Butter aufs Brot streichen.

1 Wenn Sie Kichererbsen aus der Dose verwenden, gut abtropfen lassen und unter klarem Wasser abspülen. In einer Küchenmaschine oder mit einem Stabmixer zu einer festen, breiartigen Masse verarbeiten.

2 Tahin mit 1–2 EL Wasser verrühren und mit Knoblauch zu den Kichererbsen geben; erneut vermengen. Bei laufender Maschine langsam Olivenöl und Zitronensaft durch die Deckelöffnung zugießen. Die glatte Masse mit Salz und Pfeffer abschmecken.

3 In eine Servierschüssel füllen und mit Paprikapulver und gehackter Petersilie bestreuen.

ANGABEN FÜR REZEPT INSGESAMT GLYKÄMISCHE LAST 18; PROTEIN 48 G; KOHLENHYDRATE 67 G; FETT 103 G (DAVON 14 G GESÄTTIGTE FETTE); FASERSTOFFE 24 G

Tzatziki

FÜR 6–8 PERSONEN

500 g griechisches (festes) Joghurt oder Joghurt natur
2 Schlangengurken
Salz und Pfeffer
3 Knoblauchzehen, fein gehackt
3 EL Olivenöl
ein wenig Zitronensaft
eine Prise Fruktose zum Abschmecken

Dieser klassische griechische Gurken-Joghurt-Salat (Abb. auf Seite 85) eignet sich gut als Beilage für gegrillten Fisch oder als Dip mit rohem gemischtem Gemüse.

1 Wenn Sie normales Joghurt verwenden, geben Sie es in ein mit einem Kaffeefilter oder mit Musselin ausgelegtes Sieb über eine Schüssel. Mindestens zwei Stunden oder besser noch über Nacht im Kühlschrank abtropfen lassen. Der Arbeitsschritt erübrigt sich, wenn Sie griechisches Joghurt verwenden.

2 Gurken schälen und längs halbieren. Kerne mit einem kleinen Löffel herauskratzen. Gurken grob reiben und etwas Salz darüberstreuen. 10–15 Minuten stehen lassen. Möglichst viel Flüssigkeit aus den Gurken drücken.

3 Knoblauch mit dem Öl zum Joghurt geben. Die Gurken dazugeben und mit Zitronensaft, Fruktose, Salz und Pfeffer abschmecken.

ANGABEN FÜR REZEPT INSGESAMT GLYKÄMISCHE LAST 11; PROTEIN 33 G; KOHLENHYDRATE 54 G; FETT 72 G (DAVON 28 G GESÄTTIGTE FETTE); FASERSTOFFE 9 G

Muscheln mit weißen Bohnen und Oliven

FÜR 4 PERSONEN

- 300 g getrocknete weiße Bohnen, über Nacht eingeweicht
- 1 kg frische Muscheln mit Schale
- 4 EL geklärte Butter
- 1/2 Zwiebel, fein gehackt
- 180 ml trockener Weißwein
- 2 Knoblauchzehen, fein gehackt
- 400 g gestückelte Dosentomaten
- 1 EL fein gehackter frischer Koriander
- 2 EL Zitronensaft
- 8 entsteinte schwarze Oliven, halbiert
- Salz und Pfeffer
- 1/4 TL Fruktose
- 2 EL gehackte glatte Petersilie

Dieser herzhafte und sättigende Eintopf mit seiner ausgewogenen Mischung an süß-sauer-salzigen Aromen könnte sich ohne weiteres zu einem Lieblingsgericht entwickeln.

1 Die eingeweichten Bohnen in reichlich Wasser weich kochen.

2 Muscheln gründlich in kaltem Wasser reinigen. Beschädigte Exemplare oder solche, die sich nach leichtem Klopfen nicht schließen, entfernen.

3 Die Hälfte der Butter in einem großen Topf schmelzen, Zwiebeln hineingeben und leicht pfeffern. 1 Minute bei mäßiger Hitze garen. Die Muscheln und 100 ml des Weißweins zugeben. Deckel aufsetzen und garen, bis die Muscheln sich geöffnet haben. Abgießen und die Kochflüssigkeit auffangen. Die Schalen entfernen; ein paar Muscheln in der Schale beiseite legen. Alle ungeöffneten Muscheln entfernen. Zugedeckt stehen lassen, damit sie warm bleiben.

4 Die restliche Butter in einem Topf schmelzen, Knoblauch hinzugeben und bei mäßiger Hitze kurz anbraten. Tomaten, Koriander, den restlichen Wein, Zitronensaft und Oliven zum Knoblauch geben und 5 Minuten simmern lassen. Muschelfond, Bohnen und Muscheln hinzugeben. Bei niedriger Temperatur nochmals erhitzen. Mit Salz, Pfeffer und Fruktose abschmecken. Petersilie darüberstreuen und sofort auftragen.

PRO PORTION GLYKÄMISCHE LAST 5; PROTEIN 41 G; KOHLENHYDRATE 17 G; FETT 28 G (DAVON 10 G GESÄTTIGTE FETTE); FASERSTOFFE 13 G

Gefüllter Tintenfisch

FÜR 4 PERSONEN

4 frische Tintenfische à 225 g
8 Streifen Feta
100 ml Olivenöl
2 Knoblauchzehen, zerdrückt
4 frische Majoranblätter, fein gehackt
Salz und Pfeffer
Zitronensaft oder Zitronenachtel zum Garnieren

Ein ungewöhnliches, aber einfaches Gericht für ein sommerliches Grillessen. Dazu passt ein Tomatensalat mit Bohnen und Basilikum (s. Seite 77) oder Quinoapilaf mit Kräutern (s. Seite 144).

1 Den Tintenfisch reinigt man, indem man die Tentakel behutsam vom Körper wegzieht. Das Innere und den harten Knorpel entfernen. Das harte Ende der Fangarme abschneiden, Fangarme dabei zusammenhalten. Gründlich waschen und mit Küchenkrepp trockentupfen.

2 Tintenfische und Feta in eine Glasschüssel geben, in der sie dicht nebeneinander liegen. Olivenöl, Knoblauch und Majoran mischen und mit Salz und Pfeffer würzen. Mischung über Tintenfisch und Käse geben und zugedeckt 2–3 Stunden kalt stellen.

3 Jeden Tintenfischkörper vorsichtig mit 2 Streifen Feta füllen. Spieß durch die Tentakel führen.

4 Grill oder gerillte Grillpfanne erhitzen. Grillrost oder Pfanne mit Öl oder Butter bestreichen, Tintenfische zugeben und 5 Minuten garen. Vorsichtig wenden und weitere 2 Minuten garen, auch die Tentakel benötigen 2 Minuten Garzeit. Sofort mit Zitronenachteln auftragen. Wahlweise vor dem Servieren mit Zitronensaft beträufeln.

PRO PORTION GLYKÄMISCHE LAST 0; PROTEIN 35 G; KOHLENHYDRATE 0 G; FETT 22 G (DAVON 6 G GESÄTTIGTE FETTE); FASERSTOFFE 0 G

Tintenfisch mit Fenchel und Spinat

FÜR 6 PERSONEN

1 kg frischer Tintenfisch
120 ml Olivenöl
1 Zwiebel, fein gehackt
2 Fenchelknollen, in Scheiben geschnitten
90 g Spinat, gehackt
2 Frühlingszwiebeln, in Scheiben geschnitten
2 reife Tomaten, gewürfelt
Salz und Pfeffer
Saft einer großen Zitrone

Wenn Sie wenig Zeit haben, nehmen Sie tiefgefrorenen Tintenfisch.

1 Den Tintenfisch reinigt man, indem man die Tentakel behutsam vom Körper wegzieht. Das Innere und den harten Knorpel entfernen. Das harte Ende der Fangarme abschneiden, Fangarme dabei zusammenhalten. Waschen, mit Küchenkrepp trockentupfen und grob zerhacken.

2 Öl in einer großen Kasserolle erhitzen. Zwiebel hinzugeben und 2 Minuten garen. Tintenfisch hineingeben und unter ständigem Rühren braten, bis er milchig wird. 450 ml Wasser zugießen und bei aufgesetztem Deckel 45 Minuten simmern lassen.

3 Fenchel, Spinat, Frühlingszwiebeln, Tomaten, Salz und Pfeffer zum Tintenfisch geben und gut vermengen. Wenn nötig, mehr Wasser zugeben. Zugedeckt weitere 5–10 Minuten garen, bis der Fenchel weich ist. Topf vom Herd nehmen, Zitronensaft zugeben und vor dem Servieren 10–15 Minuten ruhen lassen.

PRO PORTION GLYKÄMISCHE LAST 0; PROTEIN 23 G; KOHLENHYDRATE 4 G; FETT 18 G (DAVON 4 G GESÄTTIGTE FETTE); FASERSTOFFE 2 G

Muschel-Pilzfrikassee

FÜR 4 PERSONEN

2 kg frische Muscheln mit Schale
2 EL geklärte Butter
etwas Weißwein (nach Belieben)
400 ml Fisch- oder Hühnerfond
100 ml Sahne
1 EL Maismehl (nach Belieben)
500 g Champignons, in Scheiben geschnitten
Salz und Pfeffer
250 g Rucolablätter, grob zerrupft
1 TL gehackter frischer Estragon
1 kleiner Bund Schnittlauch, gehackt
1 EL Kapern

Ergibt mit einem Bohnen- oder Linsensalat eine gesunde Mahlzeit.

1 Muscheln in kaltem Wasser gründlich reinigen. Beschädigte Exemplare oder solche, die sich bei leichtem Klopfen nicht schließen, entfernen.

2 1 EL Butter bei mittlerer Hitze in einem großen Topf schmelzen. Muscheln hinzugeben und Deckel aufsetzen. Sobald die Schalen sich öffnen, Weißwein und Brühe zugießen und garen, bis die Muscheln ganz geöffnet sind. Brühe in einen Topf abgießen und Schalen entfernen.

3 Sahne in den Muschelfond geben und simmern lassen, um den Geschmack zu intensivieren und die Flüssigkeit zu reduzieren. Man kann die Brühe auch mit etwas in Wasser gelöstem Maismehl andicken.

4 In der Zwischenzeit restliche Butter in einer Bratpfanne schmelzen. Pilze braten, wenn nötig in zwei Durchgängen. Mit reichlich Pfeffer würzen.

5 Pilze, Muscheln, Rucola und Estragon in die Sauce geben. Abschmecken und, wenn nötig, salzen. Mit Schnittlauch und Kapern bestreuen und sofort auftragen.

PRO PORTION GLYKÄMISCHE LAST 0; PROTEIN 31 G; KOHLENHYDRATE 9 G; FETT 17 G (DAVON 9 G GESÄTTIGTE FETTE); FASERSTOFFE 3 G

Ofengarnelen mit Tomaten und Feta

FÜR 4 PERSONEN

24 rohe Riesengarnelen
4 EL Olivenöl
200 g Schalotten, in dünne Scheiben geschnitten
4 Knoblauchzehen, zerdrückt
3 EL frische Thymianblätter oder 1 1/2 EL getrocknete
2 Lorbeerblätter
1 Zimtstange oder 1/2 TL gemahlener Zimt
800 g reife Tomaten, gehäutet, entkernt und klein geschnitten
Salz und Pfeffer
250 g Feta, zerkrümelt
1 Bund Frühlingszwiebeln, fein geschnitten
1/2 TL Anissamen
2 TL kaltgepresstes Leinsamenöl (nach Belieben)

In Griechenland – wo diese Zubereitung saganáki *heißt – kocht man die Garnelen in der Schale, so dass sie zart und saftig bleiben, und trägt das Gericht eher warm als ofenheiß auf. Wenn man nicht gern mit den Fingern isst, schält man die Garnelen vor dem Garen und lässt, wenn man will, die Schwänze dran.*

1 Ofen auf 180 °C (Gas Stufe 4) vorheizen. Garnelen waschen und trockentupfen.

2 2 EL Olivenöl bei niedriger Temperatur in einer Sautierpfanne erhitzen, Schalotten zugeben und 5 Minuten weich garen. 1 zerdrückte Knoblauchzehe mit zwei Dritteln des Thymians, Lorbeerblättern und Zimt in die Pfanne geben. Tomaten hinzufügen, kurz umrühren und bei aufgesetztem Deckel 5–10 Minuten simmern lassen, damit die Aromen sich entfalten können. Abschmecken.

3 Tomatensauce in eine große, ofenfeste Form geben. Den Feta darüber verteilen und rund 5 Minuten in den Ofen stellen.

4 In der Zwischenzeit 1 EL Öl in einer großen Bratpfanne erhitzen. Frühlingszwiebeln, restlichen Knoblauch und Thymian hineingeben und 1–2 Minuten garschwenken. Garnelen und Anissamen hinzugeben und ein paar Minuten bei häufigem Wenden garen. Sobald die Garnelen milchig werden, zu der Tomaten-Feta-Mischung geben und im Ofen weitere 10 Minuten garen, bis die Aromen sich voll entfaltet haben.

5 Den restlichen Esslöffel Olivenöl und, nach Belieben, das Leinsamenöl darüberträufeln. Vor dem Servieren leicht abkühlen lassen.

PRO PORTION GLYKÄMISCHE LAST 0; PROTEIN 23 G; KOHLENHYDRATE 12 G; FETT 26 G (DAVON 10 G GESÄTTIGTE FETTE); FASERSTOFFE 3 G

Marinierte Garnelen

FÜR 4 PERSONEN

rund 500 g geschälte gekochte Garnelen oder Langustenschwänze

MARINADE

100 ml Olivenöl

1/2 rote Chili, entkernt und fein gehackt

1 EL gehackter frischer Koriander

1/2 rote Zwiebel, fein gehackt

3 Knoblauchzehen, fein gehackt

8 schwarze Oliven, entsteint und fein geschnitten

Saft einer Limette

Salz und Pfeffer

Das Gericht kann zum Frühstück oder Brunch mit einer Scheibe Brot (s. dazu Seite 40) gereicht werden, zu Mittag in einem Salat oder am Abend als Vorspeise. Eine gute Alternative zu einem Krabbencocktail.

1 Alle Zutaten für die Marinade mischen. Garnelen oder Langustenschwänze hinzufügen und gut umrühren. Zugedeckt mindestens 1 Stunde kalt stellen.

2 In einer Glasschüssel oder auf Tellern mit grünen Salatblättern servieren.

PRO PORTION GLYKÄMISCHE LAST 0; PROTEIN 29 G; KOHLENHYDRATE 2 G; FETT 25 G (DAVON 4 G GESÄTTIGTE FETTE); FASERSTOFFE 0,5 G

IM VORAUS ZUBEREITEN DIE GARNELEN KANN MAN AUCH BEREITS AM VORTAG MARINIEREN.

Lachsküchlein

FÜR 4 PERSONEN

500 g Lachsfilet

200 ml Sahne

45 g Räucherlachs, fein geschnitten

1 Schalotte, fein gehackt

1 EL gehackter frischer Dill

1 Ei

Salz und Pfeffer

15 g geklärte Butter zum Braten

Anstelle von Lachs kann man auch einen günstigeren weißen Fisch verwenden. Zu den Fischküchlein passen gut Blattsalat, grüne Linsen oder ein Mungbohnen-Tomaten-Salat (s. Seite 142).

1 Lachs häuten und mit dem Finger über das Fleisch fahren; vorhandene Gräten mit einer Pinzette entfernen. Fisch in einer Küchenmaschine kurz zerkleinern.

2 Sahne, Räucherlachs, Schalotten, Dill und Ei zum Fisch geben und auf höchster Stufe 10–15 Sekunden zu einer glatten, relativ festen Paste verarbeiten. Mit Salz und Pfeffer abschmecken.

3 Butter in einer nicht haftenden Bratpfanne schmelzen. Lachsmischung zu 8 Küchlein verarbeiten. Auf beiden Seiten goldgelb braten; dabei vorsichtig wenden. Anschließend, wenn gewünscht, die Küchlein im Ofen auf niedrigster Stufe fertig garen.

PRO PORTION GLYKÄMISCHE LAST 0; PROTEIN 28 G; KOHLENHYDRATE 2,5 G; FETT 29 G (DAVON 11 G GESÄTTIGTE FETTE); FASERSTOFFE 0 G

IM VORAUS ZUBEREITEN MAN KANN DIE FISCHKÜCHLEIN AM VORTAG VORBEREITEN UND BIS ZUM GAREN IM KÜHLSCHRANK AUFBEWAHREN. ODER MAN MACHT DIE DOPPELTE MENGE, BRÄT ALLE KÜCHLEIN UND FRIERT EINEN TEIL EIN.

Kurz gebratener Lachs mit pikanter Salsa

FÜR 4 PERSONEN

400 g Lachsfilet, gehäutet und entgrätet
Salz und Pfeffer
2 EL geklärte Butter
1 Zwiebel, fein gehackt
2 Knoblauchzehen, fein gehackt
1 rote Chili, entkernt und fein gehackt
4 Tomaten, gewürfelt
1 TL Chilipulver
200 ml Sahne
200 g getrocknete Fusilli (vorzugsweise aus Vollkornweizenmehl)
1 EL gehacktes frisches Basilikum
2 EL gehackte glatte Petersilie
1 EL kaltgepresstes Leinsamenöl (nach Wunsch)

Um das Gericht abzurunden, reichen Sie Salat oder gedünstetes Gemüse als Beilage.

1 Ofen auf 120 °C (Gas 1/2 Flamme) oder kleinste Stufe vorheizen.

2 Lachsfilet in eine feuerfeste Form oder eine kleine Bratenform geben. Nach Belieben mit etwas Pfeffer würzen. Fleischthermometer, sofern vorhanden, in die dickste Stelle vom Fisch stechen. Lachs 25 – 30 Minuten im Ofen garen; die Innentemperatur sollte 58 °C betragen.

3 Während der Fisch im Ofen gart, die Hälfte der Butter bei mittlerer Temperatur in einem Topf schmelzen. Zwiebeln, Knoblauch und Chili zugeben und 5 Minuten braten, bis das Gemüse weich ist. Tomaten hinzugeben und weitere 2 Minuten garen. Chilipulver und zuletzt Sahne hineinrühren. Bei niedriger Hitze 5 Minuten garen.

4 Währenddessen Nudeln in reichlich leicht gesalzenem Wasser al dente kochen. In ein Sieb abgießen.

5 Nudeln, Basilikum und Petersilie zu der Tomatenmischung geben, gut mischen und durcherhitzen. Mit Salz und Pfeffer abschmecken. Nach Belieben Leinsamenöl darüberträufeln. Lachs mit der Salsa auftragen.

PRO PORTION GLYKÄMISCHE LAST 14; PROTEIN 26 G; KOHLENHYDRATE 44 G; FETT 34 G (DAVON 14 G GESÄTTIGTE FETTE); FASERSTOFFE 3 G

Sardinen in Zitronenmarinade

FÜR 4 PERSONEN

1 kg frische Sardinen, gereinigt und filetiert
Salz und weißer Pfeffer
2 EL gehackter frischer Koriander
150 ml Olivenöl
Saft von 4 Zitronen

Bei diesem Gericht »garen« die Sardinen durch die Wirkung der Zitrone. Wenn Sie sich die Sache erleichtern wollen, bitten Sie Ihren Fischhändler, die Sardinen für Sie zu filetieren.

1 Sardinenfilets abspülen und auf Küchenkrepp trocknen. In eine Glasschüssel legen, mit Salz bestreuen und 24 Stunden zugedeckt im Kühlschrank ruhen lassen.

2 Überschüssiges Salz abspülen und Sardinen gründlich trocknen. Auf eine Steingutplatte legen, Pfeffer und Koriander darübergeben und mit Olivenöl und Zitronensaft beträufeln. Vor dem Servieren nochmals zugedeckt 24–48 Stunden im Kühlschrank ruhen lassen.

PRO PORTION GLYKÄMISCHE LAST 0; PROTEIN 42 G; KOHLENHYDRATE 1 G; FETT 80 G (DAVON 18 G GESÄTTIGTE FETTE); FASERSTOFFE 0 G

IM VORAUS ZUBEREITEN DIE SARDINEN MÜSSEN MINDESTENS 48 STUNDEN IM VORAUS ZUBEREITET WERDEN.

Gegrillte Sardinen ▸

FÜR 4 PERSONEN

1 kg frische Sardinen, gereinigt und geschuppt
6 EL Olivenöl
Saft von 2 großen Zitronen
1 1/2 EL getrockneter Oregano
1 oder 2 Zitronen, geviertelt, zum Garnieren

Dieses Rezept eignet sich auch für anderen Fisch wie Meerbrasse, kleinen Seebarsch oder Rote Meerbarbe. Pro Person rechnet man 300–350 g Fisch. Dazu passen ein Griechischer Salat (s. Seite 82) und die köstliche Mandel-Knoblauch-Sauce (s. Seite 104).

1 Fisch unter klarem Wasser abspülen und mit Küchenkrepp trockentupfen. Oberfläche beidseitig dreimal leicht einschneiden. Grill stark vorheizen und Grillrost mit Öl bestreichen.

2 Olivenöl, Zitronensaft und Oregano mischen. Jeden Fisch großzügig innen und außen mit der Mischung bestreichen.

3 3–4 Minuten von jeder Seite grillen, bis der Fisch gerade eben gar ist, dabei nochmals mit der Kräuterölmischung bestreichen.

4 Sofort mit Zitronenvierteln auftragen.

PRO PORTION GLYKÄMISCHE LAST 0; PROTEIN 26 G; KOHLENHYDRATE 0 G; FETT 27 G (DAVON 6 G GESÄTTIGTE FETTE); FASERSTOFFE 0 G

Makrele mit Tomaten und Knoblauch

FÜR 4 PERSONEN

4 mittelgroße Makrelen, gereinigt und abgespült
10 g geklärte Butter zum Braten
75 ml Olivenöl
1 Zwiebel, fein gehackt
3 Knoblauchzehen, fein gehackt
4 sonnengereifte Tomaten, fein geschnitten
2 EL gehackte Petersilie
1 EL Fruktose
Salz und Pfeffer

Auch tiefgefrorene Makrelenfilets eignen sich für dieses traditionelle griechische Gericht und erleichtern sogar die Zubereitung.

1 Ofen auf 140 °C (Gas Stufe 2) vorheizen. Unter klarem Wasser gereinigten Fisch trockentupfen.

2 Butter in einer Bratpfanne erhitzen und den Fisch von beiden Seiten goldbraun braten.

3 Olivenöl in einem Topf erhitzen. Zwiebel und Knoblauch zugeben und bei mittlerer Hitze glasig dünsten. Tomaten, Petersilie und Fruktose zugeben. Mischung 3–4 Minuten garen und mit Salz und Pfeffer abschmecken.

4 Makrele in ofenfeste Form legen und Tomatensauce darübergeben. 40 Minuten im Ofen garen; Fisch dabei mehrmals wenden und mit der Tomatensauce bedecken. Der Fisch ist gar, wenn das Fleisch auf Druck mit einer Gabel leicht auseinanderfällt. Heiß auftragen.

PRO PORTION GLYKÄMISCHE LAST 0; PROTEIN 39 G; KOHLENHYDRATE 9 G; FETT 39 G (DAVON 8 G GESÄTTIGTE FETTE); FASERSTOFFE 1,5 G

Schwertfisch mit Walnuss-Knoblauch-Sauce

FÜR 4 PERSONEN

4 Schwertfischsteaks à 170 g
15 g geklärte Butter zum Braten

WALNUSS-KNOBLAUCH-SAUCE

60 g geschälte Walnüsse
1–2 Knoblauchzehen, zerdrückt
75 g Parmesan, gerieben
5 EL gehackte glatte Petersilie oder gehackter Koriander
Salz und Pfeffer
2 EL Olivenöl
1/2 EL frischer Zitronensaft
2 EL Milch

Als Beilage eignen sich grüne Bohnen oder Hülsenfrüchte wie grüne Linsen, Kichererbsen oder Butterbohnen.

1 Für die Herstellung der Sauce Küchenmaschine oder Mörser verwenden. Nüsse und Knoblauch zu einer feinen, leicht öligen Masse verarbeiten (1 Minute mit der Küchenmaschine, rund 6 Minuten mit dem Mörser).

2 Parmesan, Petersilie oder Koriander und etwas Pfeffer zugeben. Zu einer glatten Paste vermengen. Nach und nach Olivenöl, Zitronensaft und Milch zugeben. Mit Salz und Pfeffer abschmecken.

3 Butter in einer Bratpfanne schmelzen und die Schwertfischsteaks von beiden Seiten gerade eben garen; bei zu langer Garzeit wird der Fisch zäh und trocken. Sofort auf vorgewärmten Tellern mit einem guten Löffel voll Sauce für jedes Stück Fisch servieren.

PRO PORTION GLYKÄMISCHE LAST 0; PROTEIN 17 G; KOHLENHYDRATE 1 G; FETT 26 G (DAVON 8 G GESÄTTIGTE FETTE); FASERSTOFFE 0,5 G

Red Snapper mit Kichererbsen, Tomaten und Basilikum

FÜR 4 PERSONEN

4 Red Snapper-Filets à 300–350 g
3 EL Olivenöl
3 Schalotten, gehackt
2 x 400 g Kichererbsen aus der Dose, abgespült und abgetropft
2 x 400 g Dosentomaten
2 TL Tomatenmark
1 TL Balsamico
1 EL gehackter frischer Thymian
1/2 TL Fruktose
Salz und Pfeffer
3 EL gehacktes frisches Basilikum
2 EL gehackte frische Petersilie

Das herrliche Aroma von frischem Basilikum und frischem Thymian ist beinahe unübertroffen. Das Rezept eignet sich auch für andere Fischarten.

1 Fischfilets abspülen und mit Küchenkrepp gut trocknen. Eventuell noch vorhandene Gräten mit einer Pinzette entfernen.

2 2 EL Olivenöl in einer feuerfesten Schmorpfanne oder einem großen Schmortopf erhitzen. Schalotten und Kichererbsen hineingeben und 2–3 Minuten braten. Tomaten mit Saft und Tomatenpüree zugeben. Aufkochen lassen, Hitze verringern und 5 Minuten simmern lassen.

3 Balsamico, Thymian und Fruktose einrühren und mit Salz und Pfeffer abschmecken. Weitere 4–5 Minuten leicht simmern lassen.

4 In der Zwischenzeit restliches Olivenöl in einer nicht haftenden Bratpfanne erhitzen. Den Fisch hineingeben und bei mäßiger Hitze beidseitig garen; dabei vorsichtig wenden.

5 Basilikum in die Tomatenmischung rühren und diese auf 4 vorgewärmte Suppenteller verteilen. Den Fisch auf die Tomatenmischung legen, mit Petersilie bestreuen und heiß servieren.

PRO PORTION GLYKÄMISCHE LAST 8; PROTEIN 67 G; KOHLENHYDRATE 32 G; FETT 22 G (DAVON 3 G GESÄTTIGTE FETTE); FASERSTOFFE 8 G

Rote Meerbarbe mit Orangen-Ingwer-Koriandersauce

FÜR 4 PERSONEN

8 kleine oder 4 große Rote Meerbarbenfilets

240 ml frisch gepresster Orangensaft

120 ml Olivenöl

1 TL frischer Ingwer, gerieben

1 TL gemahlener Kumin

4–5 EL fein gehackte frische Korianderblätter

Salz und Pfeffer

ein wenig geklärte Butter oder Olivenöl zum Braten

Rote Meerbarben mit der Haut nach oben servieren, damit die schöne, kräftige Farbe zur Geltung kommt. Als Kontrast dazu – sowohl was die Farbe als auch die Konsistenz betrifft – bieten sich gedünstete grüne Bohnen, Zucchini oder Fenchel an.

1 Mit dem Finger über die Filets streichen und eventuell vorhandene Schuppen oder Gräten mit einer Pinzette entfernen.

2 Orangensaft, Olivenöl, Ingwer, Kumin und 2–3 EL des Korianders in einem großen Glasgefäß vermengen (etwas Koriander zum Garnieren beiseite stellen). Mit Salz und Pfeffer würzen. Den Fisch hineinlegen und 2 Stunden im Kühlschrank marinieren.

3 Eine nicht haftende Bratpfanne erhitzen und ein wenig Butter oder Olivenöl hineingeben. Den Fisch aus der Marinade nehmen und bei mäßiger Hitze von beiden Seiten garen; dabei vorsichtig wenden.

4 Fisch auf eine vorgewärmte Platte geben. Pfanne mit Küchenkrepp auswischen. Marinade in die Pfanne geben und kochen lassen, bis sie eingedickt ist. Die Sauce rings um den Fisch träufeln und alles mit gehacktem Koriander bestreuen.

PRO PORTION GLYKÄMISCHE LAST 0; PROTEIN 15 G; KOHLENHYDRATE 2 G; FETT 23 G (DAVON 4 G GESÄTTIGTE FETTE); FASERSTOFFE 0 G

Hecht mit roter und grüner Paprika

FÜR 4 PERSONEN

800 g Hechtfilet
50 g Parmesan, fein gerieben

GARNIERUNG

4 EL gehackte Petersilie
4 EL Olivenöl
2 Knoblauchzehen
1 frische rote Chili, entkernt und fein gehackt
1/2 rote Paprika, fein geschnitten
1/2 grüne Paprika, fein geschnitten
2 rote Tomaten, gehäutet und gewürfelt
1 TL Fruktose
1 TL Balsamico
Salz und Pfeffer

Das Rezept eignet sich für fast jeden Fisch. Tzatziki (s. Seite 87) ist eine gute Ergänzung, auch eine einfache Gemüsezubereitung sowie ein Bohnen-, Linsen- oder Kichererbsengericht passen als Beilagen.

1 Ofen auf 120 °C (Gas 1/2 Flamme) oder die niedrigste Stufe vorheizen. Zutaten für die Garnierung vermengen.

2 Fisch in 4 Teile schneiden und in eine feuerfeste Form oder eine Bratenform legen. Garnierung über den Fisch geben und mit Parmesan bestreuen. 30 Minuten im Ofen garen und heiß auftragen.

PRO PORTION GLYKÄMISCHE LAST 0; PROTEIN 40 G; KOHLENHYDRATE 4 G; FETT 17 G (DAVON 4 G GESÄTTIGTE FETTE); FASERSTOFFE 1 G

Kabeljau mit Pesto

FÜR 4 PERSONEN

800 g Kabeljaufilet
4 EL Pestosauce, fertig gekauft oder selbst zubereitet (s. Seite 86)
Pfeffer

Dieses einfache, schmackhafte Rezept lässt sich auf fast jeden filetierten Fisch anwenden. Probieren Sie es auch mit Seebarsch, Thunfisch, Scholle oder einem anderen Plattfisch. Durch die niedrige Gartemperatur bleibt der Fisch zart und saftig.

1 Ofen auf 120 °C (Gas 1/2 Flamme) oder niedrigste Stufe vorheizen. Fisch häuten und mit dem Finger über das Fleisch fahren; eventuell noch vorhandene Gräten mit einer Pinzette entfernen.

2 Unzerteilten Fisch in eine leicht geölte Bratenform legen. Pesto darüber verteilen und mit gemahlenem Pfeffer würzen. Ein Bratenthermometer (vorzugsweise digital) in die dickste Stelle des Fisches stechen; die Temperatur sollte 58 °C betragen (bei dünnen Filets oder kleineren Fischen erübrigt sich ein Messen). Rund 30 Minuten garen und heiß auftragen.

PRO PORTION GLYKÄMISCHE LAST 0; PROTEIN 29 G; KOHLENHYDRATE 2 G; FETT 25 G (DAVON 4 G GESÄTTIGTE FETTE); FASERSTOFFE 0,5 G

Seeteufel mit Kräuteröl

FÜR 4 PERSONEN

800 g Seeteufelfilet
100 ml Olivenöl
4 EL gehackte frische Kräuter (z. B. Basilikum, Thymian, glatte Petersilie)
2 EL Parmesan, frisch gerieben
1 EL Zitronensaft
Salz und Pfeffer

Auch Plattfische wie Scholle oder Flunder oder kostengünstigerer Fisch wie Seelachs lässt sich auf diese Weise zubereiten.

1 Ofen auf 120 °C (Gas 1/2 Flamme) oder kleinste Stufe vorheizen.

2 Öl, Kräuter, Parmesan, Zitronensaft, Salz und Pfeffer in ein hohes Gefäß geben und die Mischung mit einem Stabmixer zu einer glatten, zähflüssigen Masse verarbeiten.

3 Fisch in 4 Teile schneiden und in eine feuerfeste Form oder Bratenform legen. Mit dem Kräuteröl überziehen (vielleicht wird nicht alles Öl benötigt, man kann es als Sauce auftragen oder anderweitig verwenden; dazu in einem luftdichten Behälter im Kühlschrank aufbewahren).

4 Fisch in den Ofen stellen. Wenn vorhanden, Fleischthermometer in die dickste Stelle des Fisches stechen (bei dünnen Filets oder kleineren Fischen erübrigt sich ein Messen). Der Fisch ist gar, wenn das Thermometer 60 °C erreicht hat. Die Garzeit beträgt – je nach Dicke des Fisches – rund 30 Minuten. Heiß servieren.

PRO PORTION GLYKÄMISCHE LAST 0; PROTEIN 38 G; KOHLENHYDRATE 0 G; FETT 30 G (DAVON 5 G GESÄTTIGTE FETTE); FASERSTOFFE 0 G

Gegrilltes Brathähnchen mit Mandel-Knoblauchsauce

FÜR 4 PERSONEN

2 Brathähnchen à 850 g
Saft einer Zitrone
3 EL Olivenöl
1/2 EL getrockneter Oregano
3 EL trockener Weißwein
2 Knoblauchzehen, fein gehackt
1 Zwiebel, fein gehackt
Salz und Pfeffer
2 EL gehackte frische Kräuter (z. B. Petersilie, Thymian, Oregano)
Zitronenachtel zum Garnieren

MANDEL-KNOBLAUCHSAUCE

250 g getrocknete, große weiße Bohnen (z. B. Butterbohnen)
50 g gemahlene Mandeln
2 Knoblauchzehen
1 EL frischer Zitronensaft
1 TL kaltgepresstes Leinsamenöl
1/2 TL Meersalz
1/2 TL gemahlener weißer Pfeffer

Das beste Aroma erzielt man, wenn man die Hähnchen über Nacht mariniert. Wenn die Zeit knapp ist, verwenden Sie anstelle der getrockneten Bohnen eine 425 g-Dose Cannellini- oder Butterbohnen. Mit der reichhaltigen Knoblauchsauce ist ein frischer Salat als Beilage für dieses Gericht ausreichend.

1 Bohnen für die Sauce mindestens 8 Stunden oder über Nacht mit Wasser bedeckt einweichen.

2 Hähnchen am Rücken entlang aufschneiden und Wirbelsäule weitestgehend entfernen. Hähnchen mit der Hand flachdrücken und in ein großes Glasbehältnis legen, das in den Kühlschrank passt.

3 Zitronensaft, Olivenöl, Oregano, Wein, Knoblauch, Zwiebel und etwas Salz und Pfeffer in einer Küchenmaschine (oder mit einem Stabmixer) zu einer Paste verarbeiten. Über die Hähnchen verteilen und in das Fleisch einarbeiten. Zugedeckt vorzugsweise über Nacht im Kühlschrank marinieren.

4 Am nächsten Tag Bohnen abgießen, in einen Topf geben und so viel Wasser zugießen, dass es 7 – 8 cm über den Bohnen steht. Aufkochen und 10 Minuten kochen lassen. Hitze reduzieren und Bohnen 1–1,5 Stunden simmern lassen, bis sie vollkommen weich sind. Gut abtropfen lassen.

5 Gekochte Bohnen, Mandeln, Knoblauch und Essig in eine Küchenmaschine geben und zu einer glatten Paste verarbeiten. Auf niedrigerer Stufe nach und nach Olivenöl und Zitronensaft durch die Deckelöffnung zugeben, bis eine dickflüssige Sauce entsteht. Leinsamenöl zugeben und mit Salz und Pfeffer abschmecken. Beiseite stellen.

6 Grill stark erhitzen, Grillfeuer vorbereiten oder Ofen auf 180 °C (Gas Stufe 4) vorheizen. Überschüssige Marinade vom Fleisch streichen. Im Ofengrill, über dem Grillfeuer oder in einer Bratenform im Ofen garen. Die Hähnchen sind gar, wenn man mit einem Spieß tief in die dickste Stelle des Fleisches sticht und der austretende Saft klar ist. Fertige Hähnchen mit gehackten Kräutern bestreuen und zusammen mit der Mandel-Knoblauchsauce und den Zitronenachteln auftragen.

PRO PORTION GLYKÄMISCHE LAST 0; PROTEIN 40 G; KOHLENHYDRATE 0 G; FETT 24 G (DAVON 4 G GESÄTTIGTE FETTE); FASERSTOFFE 0 G

IM VORAUS ZUBEREITEN DIE SAUCE KANN 3 TAGE IM VORAUS ZUBEREITET WERDEN. IM KÜHLSCHRANK AUFBEWAHREN UND GEKÜHLT ODER MIT ZIMMERTEMPERATUR AUFTRAGEN.

Spanischer Hühnerschmortopf mit grünen Linsen

FÜR 4 PERSONEN

- 200 g grüne Linsen
- 1 EL Olivenöl
- 15 g geklärte Butter
- 4 Hähnchenbrustfilets ohne Haut, in 2 cm große Würfel geschnitten
- 1 kleine Zwiebel, fein gehackt
- 1 grüne Paprikaschote, entkernt und gewürfelt
- 2 Selleriestangen, fein gewürfelt
- 400 g gestückelte Dosentomaten
- 400 ml Hühnerbrühe
- 2 Knoblauchzehen, zerdrückt
- 1 TL gemahlener Kumin
- eine Prise Cayennepfeffer zum Abschmecken
- Salz und Pfeffer
- 1 EL kaltgepresstes Leinsamenöl
- 2 EL gehackte glatte Petersilie

Ein herrliches Schmorgericht mit gesunden Ölen und dem wunderbaren Aroma von Kumin.

1 Linsen in einen Topf füllen, reichlich Wasser zugießen und weich garen. Gekochte Linsen abtropfen, das Olivenöl unterrühren und warm stellen.

2 In der Zwischenzeit die Butter bei mäßiger Hitze in einem großen Topf schmelzen. Hähnchenfleisch darin rund 4 Minuten gleichmäßig von allen Seiten goldbraun braten. Auf eine Platte geben.

3 Hitze leicht reduzieren. Zwiebel, grüne Paprika und Sellerie in die Pfanne geben. Rund 4 Minuten garen, bis das Gemüse langsam weich wird. Tomaten und Brühe zugeben. 10–12 Minuten leicht simmern lassen.

4 Knoblauch, Kumin und Cayennepfeffer in die Tomatensauce geben. Wenn nötig, salzen und pfeffern. Fleisch in die Sauce geben und 10–15 Minuten simmern lassen, bis es gar ist.

5 Heiße Linsen in eine Servierschüssel füllen. Hähnchenfleisch und Sauce leicht unterheben. Mit Leinsamenöl beträufeln, Petersilie darüberstreuen und heiß auftragen.

PRO PORTION GLYKÄMISCHE LAST 2; PROTEIN 66 G; KOHLENHYDRATE 8 G; FETT 33 G (DAVON 6 G GESÄTTIGTE FETTE); FASERSTOFFE 3 G

Ofengegarte Hühnerbeine in würziger Joghurtsauce

FÜR 4 PERSONEN

6 ganze Hühnerbeine, gehäutet oder
6 Ober- und Unterschenkel
115 g Joghurt natur
120 ml Olivenöl
Saft einer Zitrone
2 Knoblauchzehen, zerdrückt
1 TL Paprikapulver
eine gute Prise gemahlener Zimt
eine Prise Cayennepfeffer
Salz und Pfeffer
15 g geklärte Butter
Zitronenachtel zum Garnieren

Diese Hühnerbeine ergeben ein leichtes Abendessen, eignen sich aber auch bestens kalt für ein sommerliches Gabelfrühstück. Mit einem Bohnen- oder Linsengericht und einem gemischten Salat servieren.

1 Hühnerfleisch gut mit Küchenkrepp abtupfen. Wenn ganze Beine verwendet werden, jedes in Ober- und Unterschenkel teilen, indem man sie oberhalb des Kniegelenks durchtrennt.

2 Joghurt, Olivenöl, Zitronensaft, Knoblauch, Paprikapulver, Zimt, Cayennepfeffer und etwas Salz und Pfeffer in einem verschließbaren Plastikbeutel mischen. Hühnerteile dazugeben und Beutel verschließen. Leicht andrücken, damit die Marinade sich gut über das Fleisch verteilt. Mindestens 2–3 Stunden und vorzugsweise über Nacht im Kühlschrank ruhen lassen.

3 Ofen auf 120 °C (Gas 1/2 Flamme) oder niedrigste Stufe vorheizen. Butter in einer Bratpfanne erhitzen, Hühnchen und Marinade hineingeben und Hühnerteile gleichmäßig bräunen. In eine Bratenform geben und rund 40–50 Minuten im Ofen fertig garen. Sofern vorhanden, ein Fleischthermometer tief in die dickste Stelle des Fleisches stechen und Temperatur auf 66 °C steigen lassen.

4 Hühnerbeine heiß oder kalt mit Zitronenachteln servieren.

PRO PORTION GLYKÄMISCHE LAST 0; PROTEIN 26 G; KOHLENHYDRATE 4 G; FETT 13 G (DAVON 3 G GESÄTTIGTE FETTE); FASERSTOFFE 0,5 G

IM VORAUS ZUBEREITEN AM BESTEN BEREITET MAN DIE HÜHNERBEINE AM VORTAG ZU UND LÄSST SIE MARINIEREN. WENN SIE SIE KALT SERVIEREN MÖCHTEN, KÖNNEN SIE 1–2 TAGE IM VORAUS GEGART UND IM KÜHLSCHRANK AUFBEWAHRT WERDEN.

Griechisches Huhn mit Artischocken und Avgolemono

FÜR 4 PERSONEN

- 1 küchenfertiges Huhn à 1,5 kg, gehäutet und in 4 oder 8 Teile geschnitten
- Salz und Pfeffer
- 3 EL Olivenöl
- 1 große rote Zwiebel, fein gehackt
- 2 Knoblauchzehen, fein gehackt
- 1 EL Tomatenmark
- Saft einer Zitrone
- 200 ml Brandy oder trockener Weißwein
- 1 TL gemahlener Zimt
- 4 frische, gefrorene (und aufgetaute) oder konservierte Artischockenherzen
- 50 g Pinienkerne, in einer nicht haftenden Pfanne geröstet

AVGOLEMONO

- 2 Eier
- Saft von 2 Zitronen

Avgolemono ist eine klassische griechische Zitronen-Eiersauce. Hühnchen mit einem einfachen Bohnen- oder Linsengericht wie Gelbem Erbsenpüree (s. Seite 138) oder aber Couscous oder braunem Reis servieren, falls es Ihr Belohnungsessen ist.

1 Hühnchen salzen und pfeffern. 2 EL Olivenöl in einer Sautierpfanne erhitzen und Hühnchen gleichmäßig von allen Seiten bräunen. Aus der Pfanne nehmen und das Fett abgießen.

2 Restliches Olivenöl in die Pfanne geben und Zwiebel und Knoblauch darin leicht bräunen. Tomatenmark zugeben und gut vermengen. Zitronensaft unterrühren.

3 Hühnchen wieder in die Pfanne geben, Brandy oder Wein zugießen und Zimt, Salz und Pfeffer darüberstreuen. Soviel Wasser zugießen, dass das Huhn halb bedeckt ist, und zugedeckt 25 Minuten simmern lassen.

4 Artischocken in die Pfanne geben und, wenn nötig, Wasser nachgießen; die Artischocken sollten fast bedeckt sein. Zugedeckt weitere 25–30 Minuten simmern lassen, bis das Huhn und die Artischocken zart sind.

5 Unmittelbar vor dem Servieren die Avgolemono-Sauce zubereiten: Eier und Zitronensaft mit dem Schneebesen zu einer hellen, lockeren Masse verschlagen. Unter ständigem Schlagen mit dem Schneebesen schöpfkellenweise heiße Hühnerflüssigkeit zugeben. Mischung über das Huhn gießen und gut umrühren. Pfanne vom Herd nehmen und 3 weitere Minuten rühren, bis die Sauce angedickt ist. Nicht kochen lassen, da die Eier sonst gerinnen. Mit Pinienkernen bestreuen und heiß auftragen.

PRO PORTION GLYKÄMISCHE LAST 0; PROTEIN 27 G; KOHLENHYDRATE 3 G; FETT 37 G (DAVON 8 G GESÄTTIGTE FETTE); FASERSTOFFE 0 G

Chicken-Kebab mit frischen Kräutern

FÜR 4 PERSONEN

- 750 g Hühnerbrust, gehäutet und in 2,5 cm große Stücke geschnitten
- 4 El Olivenöl
- 4 Knoblauchzehen, zerdrückt
- 1 TL getrocknete Minze
- 1 TL getrockneter Oregano
- eine Prise Salz
- 1 TL Pfeffer
- 2 EL frischer Zitronensaft
- 1 Bund frische Minze
- 1 Aubergine, in 2,5 cm große Stücke geschnitten
- 1 rote Zwiebel, in Keile geschnitten
- 1 rote oder gelbe Paprikaschote, in 2,5 cm große Stücke geschnitten
- 1 Zitrone, in 8 Stücke geschnitten

Der Inbegriff mediterraner Küche: aromatisches, gegrilltes Hühnerfleisch mit Kräutern und Gemüse. Dazu passt ein Griechischer Salat *(s. Seite 82).*

1 Hühnerfleisch, 2 EL Olivenöl, Knoblauch, getrocknete Kräuter, Salz und Pfeffer in einer Schüssel vermengen und 30 Minuten marinieren.

2 Restliches Öl und Zitronensaft mit dem Schneebesen verschlagen. Grill stark erhitzen.

3 Minzeblätter vom Stängel zupfen. Hühnchenstücke, Minzeblätter, Aubergine, Zwiebel und Paprika auf 8 Metallspieße mit jeweils einem Stück Zitrone am Ende setzen. Salzen und pfeffern und mit der Zitronenölmischung bestreichen. Rund 9 Minuten garen; dabei immer wieder wenden und mit dem Öl bestreichen, bis das Hühnchenfleisch gerade eben gar ist. Sofort mit Salat auftragen.

PRO PORTION GLYKÄMISCHE LAST 2; PROTEIN 100 G; KOHLENHYDRATE 35 G; FETT 60 G (DAVON 14 G GESÄTTIGTE FETTE); FASERSTOFFE 8 G

IM VORAUS ZUBEREITEN DAS HUHN KANN BIS ZU 8 STUNDEN IM VORAUS MARINIERT WERDEN. DIE CHICKEN-KEBABS KÖNNEN BIS ZU 2 STUNDEN VORHER VORBEREITET UND IM KÜHLSCHRANK AUFBEWAHRT WERDEN.

Hähnchenbrust mit Chili und Zitronenthymian

FÜR 4 PERSONEN

15 g geklärte Butter
4 Hähnchenbrustfilets à 150–180 g, gehäutet
2 EL süße thailändische Chilisauce
1 EL frischer Zitronenthymian, fein gehackt

Wenn Sie keinen Zitronenthymian bekommen, nehmen Sie stattdessen Basilikum. Mit rührgebratenem Gemüse wie zarten Stangenbohnen, roten oder gelben Paprikaschoten oder Bohnensprossen als Beilage servieren.

1 Ofen auf 120 °C (Gas 1/2 Flamme) oder niedrigste Stufe vorheizen.

2 Schwere, nicht haftende Bratpfanne bei mäßiger Temperatur erhitzen, Butter hineingeben und Hähnchenbrust von beiden Seiten bräunen. In eine kleine Bratenform oder eine feuerfeste Form legen.

3 Chilisauce mit Thymian vermengen. Hähnchenbrust damit bestreichen (nicht mehr als notwendig verwenden, da Chilisauce sehr süß sein kann) und leicht salzen. Sofern vorhanden, Fleischthermometer tief in die dickste Stelle des Fleisches stechen und Temperatur auf 65 °C steigen lassen. Hähnchenbrust in den Ofen stellen und rund 30 Minuten garen. Heiß servieren.

PRO PORTION GLYKÄMISCHE LAST 0; PROTEIN 35 G; KOHLENHYDRATE 1 G; FETT 8 G (DAVON 4 G GESÄTTIGTE FETTE); FASERSTOFFE 0 G

Hähnchenbrust in Parmesanhülle

FÜR 4 PERSONEN

geklärte Butter zum Braten
4 Hähnchenbrustfilets, gehäutet
50 g Parmesan, frisch gerieben
Pfeffer

Ein schlichtes Gute-Laune-Essen mit fantastischem Geschmack.

1 Ofen auf 160 °C (Gas Stufe 3) vorheizen. Ein wenig geklärte Butter in eine schwere, möglichst nicht haftende Bratpfanne geben und leicht bräunen. Hähnchenbrust darin schnell auf beiden Seiten goldgelb braten. Vom Herd nehmen und leicht abkühlen lassen.

2 Parmesan auf einen Teller reiben und Pfeffer darüber mahlen. Hähnchenbrustfilets im Parmesan wenden und in ein feuerfestes Gefäß oder eine Bratenform legen.

3 Fleisch in den Ofen stellen und rund 10 Minuten garen. Sofern vorhanden, Fleischthermometer tief einstechen und Temperatur auf 65 °C steigen lassen. Heiß servieren.

PRO PORTION GLYKÄMISCHE LAST 0; PROTEIN 40 G; KOHLENHYDRATE 7 G; FETT 23 G (DAVON 8 G GESÄTTIGTE FETTE); FASERSTOFFE 1,5 G

Huhn mit Schalotten und Zimt

FÜR 4 PERSONEN

25 geklärte Butter
6 Hühnerbeine, gehäutet und in Ober- und Unterschenkel zerteilt
400 g kleine Schalotten, geschält
300 ml Hühnerbrühe
1 TL gemahlener Zimt
1 TL Fruktose
1/2 TL gehackter frischer Rosmarin
Salz und Pfeffer
50 g Pinienkerne, leicht in einer Pfanne ohne Fett geröstet
1 EL Olivenöl

Mit gedünstetem Gemüse wie grünen Bohnen, Zucchini, Lauch oder Karotten servieren; die aromatische Kochflüssigkeit über Huhn und Gemüse verteilen.

1 Die Hälfte der Butter in einer feuerfesten Schmorpfanne schmelzen und Hühnerbeine schnell von allen Seiten bräunen. Herausnehmen und beiseite stellen. Pfanne auswischen.

2 Restliche Butter in der Pfanne schmelzen und Schalotten darin bei geringer Hitze weich garen, bis sie Farbe angenommen haben, aber nicht gebräunt sind.

3 Hühnerbeine zurück in die Pfanne geben und Brühe angießen. Zimt, Fruktose und Rosmarin zugeben und mit Salz und Pfeffer würzen. Aufkochen, Hitze reduzieren und rund 40 Minuten simmern lassen, bis sich das Fleisch vom Knochen löst.

4 Mit Pinienkernen bestreuen, ein paar Tropfen Olivenöl darüberträufeln und heiß servieren.

PRO PORTION GLYKÄMISCHE LAST 0; PROTEIN 31 G; KOHLENHYDRATE 0 G; FETT 12 G (DAVON 6 G GESÄTTIGTE FETTE); FASERSTOFFE 0 G

IM VORAUS ZUBEREITEN DAS HUHN KANN MAN BIS ZU 2 TAGE IM VORAUS ZUBEREITEN UND IM KÜHLSCHRANK AUFBEWAHREN; GRÜNDLICH DURCHERHITZEN. ODER MAN BEREITET DIE DOPPELTE MENGE ZU UND FRIERT EINEN TEIL EIN.

◂ Huhn mit Tomaten und Ouzo

FÜR 4 PESONEN

3 EL Olivenöl
1 küchenfertiges Huhn à 1,5 kg, in 8 Teile geschnitten
Salz und Pfeffer
6 Knoblauchzehen, gehackt
1 1/2 TL gestoßene Anissamen oder gemahlener Sternanis
2 x 400 g Eiertomaten aus der Dose
120 ml Hühnerbrühe
80 ml Ouzo (oder Brühe)
1 EL getrockneter Oregano
12 schwarze Oliven, entsteint
125 g Feta, zerkrümelt

Wenn Sie vom letzten Griechenlandurlaub keinen Rest Ouzo mehr haben sollten, nehmen Sie stattdessen Pernod oder Ricard.

1 Öl in einer großen Sautierpfanne bei mittlerer Temperatur erhitzen. Huhn hineingeben und gleichmäßig von allen Seiten anbraten.

2 Bis auf 2 Esslöffel alles Fett aus der Pfanne abgießen. Knoblauch und Anissamen hineingeben und 30 Sekunden rühren. Tomaten, Brühe, Ouzo und Oregano zugeben. Aufkochen und Tomaten mit Löffelrücken zerdrücken. Huhn wieder in die Pfanne geben, aufkochen und unbedeckt rund 15 Minuten simmern lassen. Wenden und weitere 5 Minuten simmern lassen. Huhn aus der Sauce nehmen und warm stellen.

3 Oliven in die Sauce geben und 6–8 Minuten unter häufigem Rühren reduzieren. Mit Salz und Pfeffer abschmecken. Huhn auf vorgewärmten Tellern anrichten, Sauce darübergeben, mit Feta bestreuen und sofort servieren.

PRO PORTION GLYKÄMISCHE LAST 1; PROTEIN 40 G; KOHLENHYDRATE 30 G; FETT 10 G (DAVON 2 G GESÄTTIGTE FETTE); FASERSTOFFE 6 G

IM VORAUS ZUBEREITEN DAS HUHN KANN AM VORTAG GEKOCHT WERDEN, ABER GEBEN SIE DEN FETA ERST UNMITTELBAR VOR DEM SERVIEREN DARÜBER.

Pikantes Zitronenhuhn

FÜR 4 PERSONEN

Abrieb und Saft von 2 Zitronen
4 Knoblauchzehen, fein gehackt
1 große Zwiebel, fein gehackt
1 TL Sambal Olek (indonesische Chilisauce)
2 EL Olivenöl
Salz und Pfeffer
6 Hühnerbeine oder andere Hühnerteile, gehäutet
4 EL gehackte glatte Petersilie

Mit Gurken- oder Möhrensalat oder gekochtem Gemüse servieren; passend sind auch ein Bohnen- oder Linsengericht.

1 Zitronenabrieb und -saft, Knoblauch, Zwiebel, Sambal Olek, Olivenöl und etwas Salz und Pfeffer vermengen. Huhn-Zitronenmischung in einen verschließbaren Plastikbeutel geben. Den gut verschlossenen Beutel über Nacht in den Kühlschrank legen.

2 Ofen auf 120 °C (Gas 1/2 Flamme) oder niedrigste Stufe vorheizen. Huhn aus der Marinade nehmen und in eine Bratenform legen. Rund 1 Stunde im Ofen garen. Sofern vorhanden, ein Fleischthermometer auf 66 °C für Hühnerbeine oder auf 65 °C für Hähnchenbrust steigen lassen. Mit Petersilie bestreut heiß auftragen.

PRO PORTION GLYKÄMISCHE LAST 0; PROTEIN 29 G; KOHLENHYDRATE 10 G; FETT 24 G (DAVON 7 G GESÄTTIGTE FETTE); FASERSTOFFE 1,5 G

Langsam gegarte Truthahnbrust mit Kräuteröl

FÜR 4 PERSONEN

100 ml Olivenöl
4 EL gehackte frische Kräuter (z.B. Basilikum, Thymian, glatte Petersilie)
1 entbeinte Truthahnbrust, rund 700 g schwer
Salz und Pfeffer

Zu dem aromatischen Braten passen gemischtes Gemüse (s. Seite 126) oder ein Tomatensalat.

1 Ofen auf 120 °C (Gas 1/2 Flamme) oder niedrigste Stufe vorheizen. Öl und Kräuter in einer Küchenmaschine oder mit einem Stabmixer zu einer dicken, glatten Paste verarbeiten.

2 Truthahnfleisch mit Küchenkrepp trockentupfen und in Bratenform legen. Das Kräuteröl mit einem Löffel oder Backpinsel großzügig über das Fleisch verteilen und leicht salzen und pfeffern (eventuell wird nicht das gesamte Öl benötigt; den Rest in einem Schraubglas im Kühlschrank aufbewahren und als Sauce servieren oder in einem Bohnen- oder Linsengericht verarbeiten). Wenn vorhanden, Fleischthermometer an der dicksten Stelle des Fleisches einstechen und auf 65 °C steigen lassen.

3 Truthahn in den Ofen stellen. Die Garzeit hängt von der Dicke des Fleisches ab (rund 1,5 Stunden). Wenn das Fleisch vor der Zeit gar ist, Ofenklappe öffnen und Truthahn noch im Ofen lassen.

PRO PORTION GLYKÄMISCHE LAST 0; PROTEIN 42 G; KOHLENHYDRATE 7 G; FETT 17 G (DAVON 3,5 G GESÄTTIGTE FETTE); FASERSTOFFE 2 G

IM VORAUS ZUBEREITEN DAS KRÄUTERÖL KANN MAN BIS ZU 3 TAGE IM VORAUS ZUBEREITEN UND IN EINEM SCHRAUBGLAS IM KÜHLSCHRANK AUFBEWAHREN. VOR DER WEITERVERWENDUNG GUT UMRÜHREN.

Truthahn mit Knoblauch und Rosmarin

FÜR 4 PERSONEN

1 Truthahnbrust à 700 g, entbeint
15 g geklärte Butter

KNOBLAUCH-ROSMARINPASTE

2 Knoblauchknollen
30 g Butter, geschmolzen
2 EL Olivenöl
1 EL gehackter frischer Rosmarin
1 EL Dijon-Senf
1/2 TL Salz
1/2 TL Pfeffer

Die Kombination aus Rosmarin und Senf begeistert mich immer wieder; sie passt zu Lamm ebenso gut wie zu Truthahn. Man kann das Rezept abwandeln, indem man anstelle von Rosmarin Estragon, Thymian, Oregano oder Basilikum verwendet.

1 Ofen auf 180 °C (Gas Stufe 4) vorheizen. Für die Knoblauchpaste etwa 1 cm vom oberen Ende der gesamten Knolle abschneiden, so dass die Knoblauchzehen gerade sichtbar sind. Knoblauch mit der Schnittseite nach oben in eine kleine Bratenform setzen. Die geschmolzene Butter darüberträufeln und Form mit Alufolie abdecken. Knoblauch rund 1 Stunde 20 Minuten garen, bis er ganz weich, aber nicht gebräunt ist.

2 Form aus dem Ofen nehmen und Knoblauch rund 45 Minuten ohne Folie abkühlen lassen. Knoblauchzehen nacheinander aus der Knolle drücken und in eine Küchenmaschine oder ein hohes Gefäß für einen Stabmixer geben. Mit Olivenöl, Rosmarin, Senf, Salz und Pfeffer zu einer sehr glatten Paste verarbeiten. Beiseite stellen.

3 Ofentemperatur auf 120 °C (Gas 1/2 Flamme) oder die niedrigste Stufe senken. Truthahnfleisch mit Küchenkrepp trockentupfen. Butter in einer Bratpfanne schmelzen und Fleisch rasch von allen Seiten bräunen. In eine Bratenform geben. Großzügig mit der Knoblauchpaste bestreichen. Fleischthermometer tief in die dickste Stelle des Fleisches stechen und auf 65 °C steigen lassen. Bratenform in den Ofen stellen und, je nach Dicke des Fleisches, rund 1,5 Stunden garen. Heiß auftragen.

PRO PORTION GLYKÄMISCHE LAST 0; PROTEIN 40 G; KOHLENHYDRATE 0,5 G; FETT 17 G (DAVON 7 G GESÄTTIGTE FETTE); FASERSTOFFE 0 G

IM VORAUS ZUBEREITEN DIE KNOBLAUCHPASTE KANN MAN BIS ZU 2 TAGE IM VORAUS ZUBEREITEN UND IN EINEM SCHRAUBGLAS IM KÜHLSCHRANK AUFBEWAHREN; MAN KANN AUCH DIE DOPPELTE ODER DREIFACHE MENGE FÜR ANDERE REZEPTE HERSTELLEN, WIE ETWA HÄHNCHENBRUST, LAMMSCHLEGEL ODER LAMMKOTELETTS.

Souflaki mit Paprikasauce ►

FÜR 4 PERSONEN

800 g magerer Lammschlegel, ausgelöst und vom Fett befreit

1 kleiner Bund Lorbeerblätter, vorzugsweise frisch

1 Zitrone, geachtelt, zum Garnieren

MARINADE

4 EL Olivenöl

Saft einer Zitrone

2 TL getrockneter oder frischer Thymian

2 Knoblauchzehen, zerdrückt

Pfeffer

PAPRIKASAUCE

6 rote Paprikaschoten, halbiert und entkernt

2 EL Olivenöl

1 rote Chili, entkernt und fein gehackt (nach Belieben)

6 Knoblauchzehen, fein gehackt

2 EL Rotweinessig

1 TL kaltgepresstes Leinsamenöl

2 TL Oregano oder grüne Minze

Auf dem Grill zubereitet wird dieses köstliche Gericht noch aromatischer.

1 Lamm in 2,5 cm große Würfel schneiden.

2 Für die Marinade Olivenöl, Zitronensaft, Thymian, Knoblauch und Pfeffer vermengen. Fleisch in einer Schüssel mit der Marinade mischen, so dass das Fleisch bedeckt ist. Mindestens 2 Stunden in den Kühlschrank stellen.

3 In der Zwischenzeit die Sauce herstellen. Ofen auf 220 °C (Gas Stufe 7) vorheizen. Paprikaschoten in eine Bratenform legen und rundherum mit 1 EL Olivenöl bestreichen. Im Ofen garen, bis sie braun werden. In einen verschließbaren Plastikbeutel legen und den verschlossenen Beutel 10 Minuten liegen lassen.

4 Paprikaschoten häuten und mit den übrigen Saucenzutaten in eine Küchenmaschine oder einen Behälter für einen Stabmixer geben. Zu einer glatten Masse verarbeiten. Abschmecken und, wenn nötig, mit Salz und Pfeffer würzen.

5 Grill und Ofen auf 120 °C (Gas 1/2 Flamme) oder niedrigster Stufe vorheizen. Fleisch mit den Lorbeerblättern auf 4 Metallspieße verteilen. Schnell gleichmäßig von allen Seiten bräunen. Kebabs mit der Marinade bestreichen und im Ofen 20–25 Minuten fertig garen. Mit Zitronenachteln und der Paprikasauce auftragen.

PRO PORTION GLYKÄMISCHE LAST 0; PROTEIN 44 G; KOHLENHYDRATE 16 G; FETT 36 G (DAVON 11 G GESÄTTIGTE FETTE); FASERSTOFFE 4 G

Lammfleischbällchen

FÜR 4 PERSONEN

250 g Lammhack

250 g Rinderhack

1 Zwiebel, fein gehackt

1 Tomate, fein gewürfelt

2 Knoblauchzehen, fein gehackt

1/2 rote Paprika, fein geschnitten

1 TL fein gehackter Rosmarin, vorzugsweise frisch

2 Eier

1/2 rote Chili, entkernt und fein gehackt

Salz und Pfeffer

15 g geklärte Butter

Mit Tzatziki (s. Seite 87) und einem Bohnen- oder Linsengericht wie beispielsweise Gelbem Erbsenpüree (s. Seite 138) als Beilage servieren.

1 Ofen auf 120 °C (Gas 1/2 Flamme) oder niedrigster Stufe vorheizen.

2 Alle Zutaten mit Ausnahme der Butter in einer Schüssel oder Küchenmaschine vermengen. Eine walnussgroße Menge der Mischung in einer nicht haftenden Pfanne braten und Fleischmischung eventuell mit Salz und Pfeffer nachwürzen.

3 Fleischmischung zu Bällchen verarbeiten. Butter in der Pfanne schmelzen und Fleischbällchen darin bräunen, wenn nötig in mehreren Durchgängen. In einer Bratenform rund 20 Minuten im Ofen fertig garen (nicht zu lange, da sie sonst austrocknen).

PRO PORTION GLYKÄMISCHE LAST 0; PROTEIN 30 G; KOHLENHYDRATE 6 G; FETT 14 G (DAVON 7 G GESÄTTIGTE FETTE); FASERSTOFFE 1,5 G

Lammfleisch mit Aprikosen und Mandeln

FÜR 4 PERSONEN

2 EL geklärte Butter
700 g Lammfleisch, in Würfel geschnitten
1 Zwiebel, grob gehackt
2 Knoblauchzehen, fein gehackt
2 TL gemahlener Kumin
3 TL gemahlener Koriander
800 ml Brühe
ein wenig frisch geriebener Ingwer
2 Karotten, in große Stücke geschnitten
150 g frische oder tiefgefrorene grüne Bohnen
100 g getrocknete Aprikosen, grob zerkleinert
eine Hand voll Mandeln, grob gehackt
Salz und Pfeffer

Mediterrane und indische Aromen gehen hier ineinander über.

1 1 EL Butter in einer Schmorpfanne schmelzen und das Lammfleisch darin anbraten. Fleisch aus der Pfanne nehmen und beiseite stellen.

2 Restliche Butter in der Pfanne schmelzen. Zwiebeln, Knoblauch, Kumin und Koriander darin anbraten, bis sie leicht Farbe annehmen. Fleisch wieder in die Pfanne geben. Brühe angießen und zusammen mit dem Ingwer rund 40 Minuten simmern lassen.

3 Karotten zugeben und noch rund 10 Minuten kochen lassen. Bohnen und Aprikosen zugeben und weitere 2–7 Minuten garen, je nachdem, ob frische oder tiefgefrorene Bohnen verwendet werden. Mandeln unterrühren und mit Salz und Pfeffer abschmecken. Heiß auftragen.

PRO PORTION GLYKÄMISCHE LAST 5; PROTEIN 40 G; KOHLENHYDRATE 17 G; FETT 27 G (DAVON 13 G GESÄTTIGTE FETTE); FASERSTOFFE 4 G

IM VORAUS ZUBEREITEN IM ANSCHLUSS AN DIE ERSTEN BEIDEN ARBEITSSCHRITTE KANN MAN DAS GERICHT BIS ZU 3 TAGE IM KÜHLSCHRANK BZW. 2 MONATE IN DER TIEFKÜHLTRUHE AUFBEWAHREN.

Lammfrikassee

FÜR 4 PERSONEN

- 750 g mageres Lammfleisch
- 1 Suppengrün (Sellerie, Petersilie und Thymian, in ein Stück Lauch gewickelt und mit einem Stück Schnur zusammengebunden)
- 1 Liter Wasser oder Brühe
- 3 Karotten
- 1 kleiner Knollensellerie
- 2 Scheiben Steckrübe
- 100 ml Sahne
- 3 EL Maismehl
- Salz und Pfeffer
- 2 EL gehackte frische Petersilie oder frischer Dill

Dieser herzhafte Eintopf ist die ideale Speise für einen Winterabend.

1 Fleisch in 4 cm große Würfel schneiden. Mit Suppengrün in einen Topf geben und Wasser oder Brühe zugießen. Aufkochen, Hitze sofort reduzieren und rund 45–60 Minuten leicht simmern lassen, bis das Fleisch zart ist; aufsteigenden Schaum dabei gelegentlich abschöpfen.

2 In der Zwischenzeit Gemüse schälen und würfeln oder stifteln. In reichlich kochendem Wasser al dente garen. Abgießen und kalt abschrecken.

3 Wenn das Fleisch zart ist, Suppengrün herausnehmen und Brühe in einen Messbecher abgießen. Fleisch auf eine vorgewärmte Platte legen und 600 ml Brühe zurück in den Topf füllen. Sahne zugeben und aufkochen. Maismehl mit etwas kaltem Wasser anrühren und unter Rühren in die kochende Flüssigkeit geben. Mit Salz und Pfeffer abschmecken.

4 Fleisch und Gemüse in die Sauce geben und mehrere Minuten durcherhitzen. Dill oder Petersilie unterrühren und heiß auftragen.

PRO PORTION GLYKÄMISCHE LAST 11; PROTEIN 40 G; KOHLENHYDRATE 25 G; FETT 21 G (DAVON 10 G GESÄTTIGTE FETTE); FASERSTOFFE 2,5 G

Lammrostbraten mit Kräutern und Knoblauch

FÜR 4 PERSONEN

- 1 Lammbraten, 1–1 1/2 kg schwer
- 2–3 Knoblauchzehen, in Spalten geschnitten
- 3 EL Olivenöl
- 1 EL fein gehackter frischer Rosmarin
- 1 EL fein gehackter frischer Thymian
- 2 EL gehackte glatte Petersilie
- Salz und Pfeffer

Für dieses Rezept eignet sich am besten Keule mit Knochen und vorzugsweise Röhrenknochen, so dass das Keulenfleisch am Stück verarbeitet werden kann. Keule in Form binden (gegebenenfalls vom Metzger).

1 Ofen auf 120 °C (Gas 1/2 Flamme) oder niedrigster Stufe vorheizen. Mit einem kleinen, scharfen Messer kleine Taschen in das Fleisch schneiden und diese mit Knoblauchspalten füllen.

2 Olivenöl, Rosmarin, Thymian und Petersilie zu Kräuteröl verarbeiten (am schnellsten mit einem Stabmixer). Mit Salz und Pfeffer würzen.

3 Eine große Bratenform bei mittlerer Temperatur erhitzen. Keule rundherum anbraten und mit Kräuteröl bestreichen. Digitales Fleischthermometer, sofern vorhanden, tief in die dickste Stelle des Fleisches einstechen; für rosa gegartes Fleisch sollte die Temperatur 66 °C betragen. Bei über 75 °C wird das Fleisch grau und trocken. Rund 2 Stunden im Ofen garen.

PRO PORTION GLYKÄMISCHE LAST 0; PROTEIN 44 G; KOHLENHYDRATE 0 G; FETT 20 G (DAVON 7 G GESÄTTIGTE FETTE); FASERSTOFFE 0 G

Schweineschmortopf mit Kichererbsen und Orange

FÜR 6 PERSONEN

- 300 g Kichererbsen, über Nacht eingeweicht
- 3 EL geklärte Butter
- 700 g Schweineschulter, in 4 cm große Würfel geschnitten
- 2 Zwiebeln, in Scheiben geschnitten
- 2 Knoblauchzehen, fein gehackt
- 1/2 rote Chili, entkernt und fein gehackt
- 400 g gestückelte Dosentomaten
- Abrieb einer Orange
- Salz und Pfeffer
- 2 EL Olivenöl

Sollten Sie es eilig haben, verwenden Sie Kichererbsen aus der Dose für dieses würzige Gericht mit Orangenaroma.

1 Kichererbsen abtropfen, abspülen und in einen großen Topf geben. So viel Wasser zugeben, dass es fingerdick über den Kichererbsen steht. Zugedeckt 10 Minuten kochen lassen. Hitze reduzieren und rund 1 Stunde leicht simmern lassen, bis die Kichererbsen weich sind; aufsteigenden Schaum dabei gelegentlich abschöpfen. Abgießen und Kochwasser auffangen.

2 Butter in einem schweren Topf schmelzen. Fleisch zugeben und von allen Seiten anbraten. Auf einen Teller geben und beiseite stellen.

3 Zwiebeln in die Pfanne geben und goldgelb braten. Knoblauch und Chili hineingeben und ein paar Sekunden anbraten. Tomaten und Orangenabrieb dazugeben und aufkochen lassen.

4 Kichererbsen und Fleisch in die Tomatenmischung geben. So viel kochendes Wasser zugeben, dass die Kichererbsen bedeckt sind. Ein wenig Pfeffer darübermahlen und gut umrühren. Aufkochen lassen, Hitze reduzieren und 1 Stunde simmern lassen. Gelegentlich umrühren und, wenn nötig, mehr Wasser zugeben, damit Fleisch und Kichererbsen saftig bleiben. Abschmecken und in vorgewärmten Suppentellern servieren; vor dem Auftragen mit Olivenöl beträufeln.

PRO PORTION GLYKÄMISCHE LAST 8; PROTEIN 36 G; KOHLENHYDRATE 30 G; FETT 23 G (DAVON 9 G GESÄTTIGTE FETTE); FASERSTOFFE 6 G

IM VORAUS ZUBEREITEN DAS GERICHT KANN MAN AM VORTAG ZUBEREITEN UND BIS ZU 2 MONATE TIEFGEFROREN AUFBEWAHREN.

Rinderschmortopf mit Zimt

FÜR 4 PERSONEN

2 EL geklärte Butter
500 g mageres Rinderhack, idealerweise mit einem Fettanteil von unter 10 %
1 Zwiebel, fein gehackt
100 g Champignons, in Scheiben geschnitten
400 g gestückelte Dosentomaten
1 TL getrockneter Thymian
1/2 TL gemahlener Zimt
2 Karotten, in Stücke geschnitten
1 kleiner Lauch, in Scheiben geschnitten
150 g rote Linsen, abgespült
Salz und Pfeffer
2 TL Fruktose (nach Belieben)
2 EL Olivenöl
1 EL frische, gehackte Petersilie zum Garnieren

Ein unkompliziertes Rezept für einen herzhaften Eintopf.

1 1 EL der Butter in einer Pfanne schmelzen. Rinderhack und Zwiebel zugeben und bei relativ starker Hitze anbraten; Fleisch dabei mit einem Holzlöffel zerteilen. Sobald das Fleisch nicht mehr rot ist, in einen großen Topf geben. Die restliche Butter in der Pfanne schmelzen. Pilze darin leicht anbraten und zum Fleisch geben.

2 Tomaten, 300 ml Wasser, Thymian und Zimt zum Fleisch geben. Leicht simmern lassen und rund 10 Minuten kochen. Karotten, Lauch und Linsen zugeben und weitere 15 Minuten garen, bis die Linsen weich sind.

3 Eintopf mit Salz und Pfeffer und, sofern gewünscht, Fruktose abschmecken. Petersilie und Oliven darübergeben und heiß auftragen.

PRO PORTION GLYKÄMISCHE LAST 7; PROTEIN 37 G; KOHLENHYDRATE 33 G; FETT 20 G (DAVON 9 G GESÄTTIGTE FETTE); FASERSTOFFE 5 G

IM VORAUS ZUBEREITEN DAS GERICHT KANN MAN 5 TAGE IM VORAUS ZUBEREITEN BZW. FÜR 2 MONATE EINFRIEREN.

Rinderragout mit Zwiebeln

FÜR 4 PERSONEN

3 EL geklärte Butter
700 g mageres Rindfleisch, in 5 cm große Würfel geschnitten
200 g gestückelte Dosentomaten
2 EL Tomatenmark
400 ml Wasser
2 Zwiebeln, grob gehackt
2 Knoblauchzehen, fein gehackt
1/2 TL Zimt
1 TL getrockneter Thymian
Salz und Pfeffer
2 EL Olivenöl
3 EL gehackte glatte Petersilie

Das traditionelle griechische kokkinisto *mit der ausgesprochen schmackhaften Kombination aus Zwiebeln, Knoblauch, Zimt und Tomaten.*

1 Die Hälfte der Butter in einem schweren Topf schmelzen und Fleisch darin von allen Seiten anbraten.

2 Tomaten, Tomatenmark und Wasser zugeben und 15 Minuten simmern lassen.

3 In der Zwischenzeit die restliche Butter in einer Pfanne schmelzen. Zwiebeln und Knoblauch darin ein paar Minuten goldgelb braten. Zusammen mit Zimt, Thymian und etwas Salz und Pfeffer zum Fleisch geben. Zugedeckt rund 1,5 Stunden simmern lassen, bis das Fleisch ganz zart ist. Wenn nötig, während der Garzeit mehr Wasser zugeben.

4 Olivenöl und Petersilie darübergeben und heiß auftragen.

PRO PORTION GLYKÄMISCHE LAST 0; PROTEIN 37 G; KOHLENHYDRATE 9 G; FETT 23 G (DAVON 10 G GESÄTTIGTE FETTE); FASERSTOFFE 2 G

IM VORAUS ZUBEREITEN DAS GERICHT KANN BIS ZU 5 TAGE IM VORAUS ZUBEREITET BZW. FÜR 2 MONATE EINGEFROREN WERDEN.

Gefüllte Paprikaschoten

FÜR 4 PERSONEN

4 mittlere oder 8 kleine Paprikaschoten
2 EL Olivenöl
500 g mageres Hackfleisch (vom Rind, Lamm oder Schwein)
1 Zwiebel, fein gehackt
2 Knoblauchzehen
1/2 rote Chili, entkernt und fein gehackt
1 EL getrockneter Thymian
2 TL Dijon-Senf
1 TL Fruktose
400 g gestückelte Dosentomaten
3 EL Tomatenmark
400 ml Wasser
Salz und Pfeffer
frische Petersilie und frischer Oregano, gehackt

Anstelle von Paprikaschoten kann man auch Tomaten oder Zucchini verwenden; in dem Fall verkürzt sich die Garzeit ein wenig.

1 Ofen auf 160 °C (Gas Stufe 3) vorheizen.

2 Paprikaschoten waschen und abtrocknen. Kappen und Deckel beiseite stellen; Kerne entfernen.

3 1 EL Olivenöl in einem Topf erhitzen. Fleisch mit Zwiebel, Knoblauch und Chili darin unter ständigem Rühren anbraten, bis das Fleisch krümelig und nicht mehr rot ist. Thymian, Senf, Fruktose, Tomaten, Tomatenmark und Wasser zugeben und rund 15 Minuten simmern lassen, bis die Flüssigkeit leicht eingedickt ist. Vom Herd nehmen und mit Salz und Pfeffer würzen.

4 Paprikaschoten mit der Fleischmischung füllen (nicht zu viel einfüllen). Gefüllte Paprika in eine Bratenform geben, in der sie dicht nebeneinander stehen. Paprikadeckel aufsetzen und mit Olilvenöl bestreichen.

5 50–60 Minuten im Ofen garen, bis die Schoten zart sind. Während der Garzeit eventuell etwas kochendes Wasser in die Bratenform gießen, wenn das Gemüse trocken aussieht. Mit Kräutern bestreut heiß servieren.

PRO PORTION GLYKÄMISCHE LAST 0; PROTEIN 29 G; KOHLENHYDRATE 17 G; FETT 17 G (DAVON 6 G GESÄTTIGTE FETTE); FASERSTOFFE 4 G

IM VORAUS ZUBEREITEN DIE FLEISCHFÜLLUNG KANN 2 TAGE IM VORAUS ZUBEREITET UND IM KÜHLSCHRANK AUFBEWAHRT ODER FÜR 2 MONATE EINGEFROREN WERDEN. DIE FÜLLUNG EIGNET SICH AUCH ALS PASTASAUCE.

Rehragout mit Pilzen und Linsen

FÜR 4 PERSONEN

2 EL geklärte Butter
1 Zwiebel, fein gehackt
100 g Champignons
100 g Pfifferlinge
500 g Rehfleisch, in 4 cm große Würfel geschnitten
400 g gestückelte Dosentomaten
500 ml Wasser, Wild- oder Rinderfond
1 TL getrockneter Thymian
2 TL Fruktose
1/2 TL Zimt
2 Karotten, in Stücke geschnitten
1 kleiner Lauch, in Scheiben geschnitten
150 g rote Linsen, abgespült
3 EL saure Sahne (nach Belieben), und zusätzlich zum Servieren
Salz und Pfeffer
1 EL gehackte Petersilie (nach Belieben)

1 Die Hälfte der Butter in einer Pfanne schmelzen. Zwiebel darin goldgelb anbraten und in einen Topf geben. Restliche Butter schmelzen und Pilze darin gerade eben weich garen. Zu den Zwiebeln geben.

2 Rehfleisch, Tomaten, Wasser, Thymian, 1 Teelöffel Fruktose und Zimt in die Pilzmischung geben. Aufkochen, Hitze reduzieren und 10 Minuten simmern lassen. Karotten, Lauch und Linsen zugeben und weitere 15–20 Minuten kochen, bis die Linsen weich sind.

3 Saure Sahne unterrühren und Mischung erhitzen. Mit Salz und Pfeffer würzen und eventuell restliche Fruktose zugeben. Mit Petersilie bestreuen, einen Klecks Sahne hineingeben, sofern gewünscht, und heiß auftragen. Dazu Preiselbeeren oder Preiselbeergelee reichen.

PRO PORTION GLYKÄMISCHE LAST 7; PROTEIN 56 G; KOHLENHYDRATE 34 G; FETT 20 G (DAVON 7 G GESÄTTIGTE FETTE); FASERSTOFFE 5 G

Kaninchenschmortopf mit Mavrodaphne

FÜR 4 PERSONEN

1 1/2 kg Kaninchenfleisch, mundgerecht zerteilt
240 ml Weißweinessig
2 EL geklärte Butter
12–14 kleine Zwiebeln, geschält
100 ml Mavrodaphne, Madeira oder Portwein
3 Karotten, in Scheiben geschnitten
2 Lorbeerblätter
1/2 TL Nelkenpulver
1/2 TL gemahlener Zimt
1 Stück Zimtstange
Salz und Pfeffer
100 ml Olivenöl
2 EL grob gehackte Walnüsse

Mavrodaphne ist ein weißer, griechischer Likörwein, hergestellt aus der gleichnamigen aromatischen Traube. Wenn er in Weinläden oder größeren Supermärkten nicht erhältlich ist, können Sie stattdessen auch Madeira oder Portwein verwenden.

1 Kaninchenfleisch in eine große Schüssel legen. Weinessig mit 240 ml Wasser mischen und über das Fleisch gießen. 2 Stunden ziehen lassen.

2 1 EL Butter bei mittlerer Hitze in einem großen, schweren Topf schmelzen. Zwiebeln darin goldgelb garen. Topf vom Herd nehmen.

3 Fleisch aus der Marinade nehmen und mit Küchenkrepp trockentupfen. Die restliche Butter im Topf schmelzen und Fleisch darin gleichmäßig garen, bis es Farbe angenommen hat.

4 Zwiebeln zum Fleisch geben und Wein zugießen. Karotten, Lorbeerblätter, Nelkenpulver, Zimt und Pfeffer zugeben. Zuletzt Olivenöl und 100 ml Wasser angießen. Zugedeckt bei mittlerer Hitze rund 50 Minuten garen, bis das Fleisch zart ist und sich vom Knochen löst.

5 Gericht mit Salz und Pfeffer abschmecken. Mit Walnüssen bestreut heiß servieren.

PRO PORTION GLYKÄMISCHE LAST 0; PROTEIN 35 G; KOHLENHYDRATE 11 G; FETT 42 G (DAVON 11 G GESÄTTIGTE FETTE); FASERSTOFFE 2 G

Gemischtes Ofengemüse

FÜR 6 PERSONEN

- 250 g Süßkartoffeln
- 250 Knollensellerie
- 250 g Zucchini
- 250 g Aubergine
- 1 grüne und 1 rote Paprikaschote
- 2–3 Karotten
- 2–3 Zwiebeln
- 1 große Stange Lauch
- 500 g Tomaten
- 4 Knoblauchzehen
- 4 EL frischer oder getrockneter Oregano
- 2 EL Rosmarinzweige
- 1 kleiner Bund frische Minze (oder 2 TL getrocknete Minze) und ein wenig zusätzlich zum Garnieren
- 1 kleiner Bund frische Petersilie und ein wenig zusätzlich zum Garnieren
- 100 ml Olivenöl
- Salz und Pfeffer

In Griechenland ist dieses traditionelle Gericht als briam *bekannt. Man kann es als eigene Mahlzeit oder auch als Beilage zu Huhn oder im Ofen gegartem Fleisch servieren. Wenn Sie nicht alles Gemüse vorrätig haben, erhöhen Sie einfach die Menge der restlichen Sorten oder nehmen andere; auch Okra und Erbsen finden in Griechenland für dieses Rezept oft Verwendung. Die Vorbereitung des Gemüses kostet etwas Zeit, aber das Ergebnis wird Ihnen Recht geben.*

1 Ofen auf 180 °C (Gas Stufe 4) vorheizen.

2 Folgendes Gemüse in Stücke schneiden: Süßkartoffeln, Sellerie, Zucchini, Auberginen, Paprika und Karotten. Zwiebeln in Keile, den Lauch in dicke Ringe schneiden. Tomaten häuten und grob hacken, Knoblauch hacken. Alle frischen Kräuter fein hacken.

3 Alle Zutaten in einer großen Schüssel gut vermengen. In eine Bratenform füllen, mit Folie abdecken und 40 Minuten im Ofen garen.

4 Folie abnehmen und nochmals 15 Minuten in den Ofen stellen. Das Gemüse ist gar, wenn es langsam Farbe annimmt. Aus dem Ofen nehmen und warm auftragen.

PRO PORTION GLYKÄMISCHE LAST 10; PROTEIN 4 G; KOHLENHYDRATE 25 G; FETT 16 G (DAVON 2,5 G GESÄTTIGTE FETTE); FASERSTOFFE 7 G

Vegetarische Moussaka

FÜR 12 PERSONEN

8 große Auberginen, in Scheiben geschnitten
10 Zucchini, in Scheiben geschnitten
10 Paprikaschoten (rot, orange, gelb und grün), in Ringe geschnitten
6 EL Olivenöl
3 Zwiebeln, fein gehackt
Salz und Pfeffer
Fruktose zum Abschmecken
8–10 Tomaten, gehäutet und grob gehackt
3 EL geriebener Parmesan
15 Scheiben Edamer (oder anderen milden Käse)

Kaseri *ist ein milder griechischer Kuhmilchkäse, der für Moussaka verwendet wird; Edamer ist ein guter Ersatz.*

1 Ofen auf 220 °C (Gas Stufe 7) vorheizen.

2 Auberginen, Zucchini und Paprika in eine Bratenform geben, mit 3 EL Olivenöl beträufeln und im Ofen rund 40 Minuten weich garen.

3 In der Zwischenzeit das restliche Öl in einem Topf erhitzen, Zwiebeln, Salz, Pfeffer und Fruktose zugeben und bei mittlerer Hitze garen, bis die Zwiebeln weich zu werden beginnen. Tomaten und ein paar Esslöffel Wasser zugeben und rund 15 Minuten simmern lassen, bis eine dickflüssige Sauce entsteht.

4 Eine leicht geölte, große feuerfeste Form mit einer Schicht Auberginen auslegen. Würzen, etwas Tomatensauce darübergeben und mit Parmesan bestreuen. Darauf eine Schicht Zucchini legen, dann Paprika, erneut Sauce, Auberginen und so fort. Jede Schicht würzen und zuletzt mit Sauce bedecken. Käsescheiben obenauf legen.

5 Moussaka 15 Minuten in den Ofen stellen und heiß servieren.

PRO PORTION GLYKÄMISCHE LAST 2; PROTEIN 11 G; KOHLENHYDRATE 16 G; FETT 13 G (DAVON 5 G GESÄTTIGTE FETTE); FASERSTOFFE 6 G

Spinat mit Knoblauch

FÜR 4 PERSONEN

750 g Spinat
3 EL Olivenöl
6 Frühlingszwiebeln oder 1 Stange Lauch, in feine Scheiben geschnitten
2 Koblauchzehen, in feine Scheiben geschnitten
4 Eier, verschlagen
Salz und Pfeffer
Saft einer 1/2 Zitrone

Eine köstliche Beilage zu vielen Gerichten, vor allem zu Lammfleisch. Die besondere griechische Note erhält der Spinat, wenn man ihn neben Salz und Pfeffer noch mit 2 Esslöffeln gehacktem frischem Dill würzt.

1 Spinat gründlich waschen und größere Stängel entfernen. Blätter in rund 1 cm breite Streifen schneiden. In einen großen Topf geben und bei niedriger Temperatur rund 3 Minuten erhitzen, bis der Spinat zusammenfällt; dabei gelegentlich umrühren. Gut abtropfen lassen und überschüssiges Wasser ausdrücken.

2 2 EL Olivenöl im Topf erhitzen. Frühlingszwiebeln oder Lauch und Knoblauch darin 2–3 Minuten garen, bis die Zwiebeln oder der Lauch weich werden.

3 Spinat zugeben und bei mittlerer Hitze weitere 2–3 Minuten unter ständigem Rühren garen. Mit Salz und Pfeffer würzen, Zitronensaft und das restliche Olivenöl zugeben und sofort auftragen.

PRO PORTION GLYKÄMISCHE LAST 0; PROTEIN 5 G; KOHLENHYDRATE 4 G; FETT 10 G (DAVON 1 G GESÄTTIGTE FETTE); FASERSTOFFE 4 G

Überbackene Auberginen in Tomatensauce

FÜR 8 PERSONEN

4 große Auberginen
8–10 EL Olivenöl
6 Zwiebeln (rund 500 g), in Ringe geschnitten
6 Knoblauchzehen
Salz und Pfeffer
6 große, reife Tomaten (rund 750 g), gehäutet und grob gehackt
2 EL Tomatenmark
2 TL Fruktose
1 EL getrocknete Minze
1 großer Bund Petersilie, fein gehackt
4 EL geriebener Parmesan
100 g geriebener Greyezer oder Cheddar

Überbackene Auberginen sind in Griechenland überaus beliebt. Dieses Rezept allerdings stammt aus der Türkei, wo das Gericht als Imam bayıldı *bekannt ist, der – vermutlich in höchstem Genuss – »ohnmächtig gewordene Priester«.*

1 Ofen auf 180 °C (Gas Stufe 4) vorheizen.

2 Auberginen waschen und der Länge nach durchschneiden. 2 EL Öl in einer großen Pfanne erhitzen und Auberginen darin 3 Minuten von jeder Seite braten. Auf Küchenkrepp abtropfen lassen.

3 Restliches Öl in einem Topf erhitzen. Zwiebeln, Knoblauch, Salz und Pfeffer zugeben und bei mäßiger Hitze rund 20 Minuten garen, bis die Zwiebeln goldgelb sind.

4 Tomaten zusammen mit Tomatenmark, Fruktose, Minze und Petersilie in den Topf geben. Bei niedriger Hitze simmern lassen, bis die Mischung eindickt.

5 Auberginen mit der Haut nach oben in eine Bratenform legen und die Tomatenmischung zwischen den Auberginen verteilen. Die beiden Käsesorten mischen und darübergeben. Rund 20 Minuten in den Ofen stellen und warm auftragen.

PRO PORTION GLYKÄMISCHE LAST 0; PROTEIN 9 G; KOHLENHYDRATE 12 G; FETT 20 G (DAVON 6 G GESÄTTIGTE FETTE); FASERSTOFFE 4 G

Pilz-Lauchgratin

FÜR 4 PERSONEN

1 EL Olivenöl
1 Zwiebel, in Scheiben geschnitten
2 Knoblauchzehen, fein gehackt
2 große Stangen Lauch, in feine Scheiben geschnitten
200 g Pilze, geviertelt
400 g gestückelte Dosentomaten
2 EL Tomatenmark
1/2 TL getrockneter Oregano
1/2 TL getrockneter Thymian
Salz und Pfeffer
1/2 TL Fruktose
60 g Feta

Köstlich schmecken auch Zucchini oder Fenchel anstelle von Lauch.

1 Öl bei niedriger Temperatur in einer Pfanne erhitzen. Zwiebeln, Knoblauch und Lauch darin 6–8 Minuten leicht garen, bis das Gemüse weich und goldgelb zu werden beginnt.

2 Pilze zugeben und weitere 2–3 Minuten garen. Tomaten mit Saft, Tomatenmark und Kräuter zugeben. 4–5 Minuten simmern lassen. Mit Salz, Pfeffer und Fruktose abschmecken.

3 Grill vorheizen. Gemüsemischung in eine flache, feuerfeste Form geben und mit Käse bestreuen. Unter den Grill stellen, bis der Käse braun zu werden beginnt und Blasen wirft.

PRO PORTION GLYKÄMISCHE LAST 0; PROTEIN 6 G; KOHLENHYDRATE 9 G; FETT 6 G (DAVON 2,5 G GESÄTTIGTE FETTE); FASERSTOFFE 2,5 G

◂ Zucchinigratin

FÜR 4 PERSONEN

2 große Zucchini, in Scheiben geschnitten
100 g Feta, zerkrümelt
4 Eier, verschlagen
300 ml Crème fraîche oder saure Sahne (max. 20 % Fett)
2 Knoblauchzehen, fein gehackt
eine Hand voll Basilikumblätter, gehackt
Salz und Pfeffer

Dieses reichhaltige, sahnige Gericht wirkt optisch besonders mit einer Mischung aus grünen und gelben Zucchini.

1 Ofen auf 180 °C (Gas Stufe 4) vorheizen. Zucchini in reichlich kochendem Wasser blanchieren. Abtropfen lassen, unter fließendem Wasser abkühlen und gut trocknen.

2 Zucchini in eine flache, feuerfeste Form schichten. Feta darüber verteilen.

3 Eier mit Crème fraîche oder saurer Sahne vermengen. Knoblauch, Basilikum, Salz und Pfeffer zugeben und gut mischen. Über die Zucchini geben und 15 Minuten im Ofen überbacken. Hitze auf 150 °C (Gas Stufe 2) reduzieren und weitere 20 Minuten garen. Das fertige Gericht sollte nicht zu stark gebräunt sein.

PRO PORTION GLYKÄMISCHE LAST 0; PROTEIN 17 G; KOHLENHYDRATE 5 G; FETT 23 G (DAVON 16 G GESÄTTIGTE FETTE); FASERSTOFFE 0,5 G

Überbackenes Fenchel-Zucchiniomelette

FÜR 4 PERSONEN

4 EL Olivenöl
1 Fenchelknolle
500 g Zucchini, geraspelt
1 große rote Zwiebel, fein geschnitten
6 Eier
Salz und Pfeffer

1 Ofen auf 180 °C (Gas Stufe 4) vorheizen. Eine runde, feuerfeste Form mit 1 EL Olivenöl ausstreichen. Fenchel halbieren und Strunk herausschneiden. Jede Hälfte klein schneiden.

2 Restliches Öl in einer Sautierpfanne erhitzen. Zucchini darin bei mittlerer Hitze so lange rühren, bis die Gemüseflüssigkeit verdampft ist. Zwiebel und Fenchel zugeben, Hitze leicht reduzieren und 8–10 Minuten garen, bis die Zwiebel weich zu werden beginnt. In einer Schüssel ein paar Minuten abkühlen lassen.

3 Eier mit etwas Salz und Pfeffer verschlagen und mit dem Gemüse vermengen. Mischung in die geölte Form füllen und rund 50 Minuten im Ofen überbacken, bis das Omelette fest und goldbraun ist. Aus dem Ofen nehmen und ein paar Minuten abkühlen lassen. In Kuchenstücke schneiden und auftragen.

PRO PORTION GLYKÄMISCHE LAST 0; PROTEIN 12 G; KOHLENHYDRATE 6 G; FETT 19 G (DAVON 4 G GESÄTTIGTE FETTE); FASERSTOFFE 2 G

Blumenkohl mit Tomaten und Feta ▸

FÜR 4 PERSONEN

- 2 EL geklärte Butter
- 1 große Zwiebel, in Scheiben geschnitten
- 2 Knoblauchzehen, zerdrückt
- 8 Tomaten, gehäutet und fein gehackt
- 2 TL getrockneter Oregano
- 1 Prise Zimt
- Salz und Pfeffer
- 1 großer Blumenkohl, in Röschen zerteilt
- 3 EL Olivenöl
- 1 EL frisch gepresster Zitronensaft
- 75 g Feta, zerkrümelt

Passt besonders gut zu Lamm oder anderem gegrillten oder im Ofen gebratenen Fleisch. Eignet sich auch als vegetarische Mahlzeit zusammen mit einem Bohnen- oder Linsengericht.

1 Ofen auf 190 °C (Gas Stufe 5) vorheizen. Butter in einer schweren Pfanne bei mittlerer Hitze schmelzen. Zwiebeln und Knoblauch darin 3–4 Minuten garen.

2 Gehackte Tomaten, Oregano, Zimt und etwas Salz und Pfeffer zugeben. Gut umrühren und zugedeckt rund 5 Minuten simmern lassen.

3 Blumenkohlröschen in die Tomatensauce geben und zugedeckt weitere 10–15 Minuten simmern lassen. Vom Herd nehmen.

4 Blumenkohl-Tomatenmischung in ein feuerfestes Gefäß oder eine Bratenform geben, mit Olivenöl und Zitronensaft beträufeln und mit Feta bestreuen.

5 Rund 40 Minuten überbacken, bis der Blumenkohl zart und der Käse geschmolzen ist. Heiß auftragen.

PRO PORTION GLYKÄMISCHE LAST 0; PROTEIN 8 G; KOHLENHYDRATE 11 G; FETT 21 G (DAVON 9 G GESÄTTIGTE FETTE); FASERSTOFFE 4 G

Brokkoli-Senfgratin

FÜR 6 PERSONEN

- 2 Brokkolistrünke, in Röschen zerteilt
- 200 ml Sahne
- 200 ml teilentrahmte Milch
- 1 EL Maismehl
- 1 EL Dijon-Senf
- 90 g Greyezer oder Cheddar, gerieben
- 45 g Parmesan, gerieben
- Salz und Pfeffer

Als Hauptgericht mit gemischtem Salat oder einem Tomatensalat mit Bohnen und Basilikum (s. Seite 77) servieren.

1 Ofen auf 220 °C (Gas Stufe 7) vorheizen.

2 Brokkoli 2 Minuten in leicht gesalzenem kochendem Wasser garen; er sollte noch Biss haben. In ein Sieb abgießen, mit kaltem Wasser abschrecken und gut abtropfen lassen.

3 Sahne und Milch in einen Topf füllen und aufkochen. Maismehl in etwas Wasser einrühren und mit einem Schneebesen in die heiße Milchsahnemischung rühren. Schnell andicken lassen. Topf vom Herd nehmen und den Senf und die Hälfte vom Käse in die Sauce geben. Mit Salz und Pfeffer abschmecken und gut vermengen.

4 Brokkoli in eine feuerfeste Form geben. Sauce darübergießen und mit dem restlichen Käse bestreuen. 10 Minuten im Ofen goldgelb überbacken.

PRO PORTION GLYKÄMISCHE LAST 0; PROTEIN 13 G; KOHLENHYDRATE 9 G; FETT 15 G (DAVON 9 G GESÄTTIGTE FETTE); FASERSTOFFE 2,5 G

Gebratener Fenchel mit Paprika und Ofentomaten

FÜR 4 PERSONEN

- 4 Tomaten (idealerweise Eiertomaten)
- Salz und Pfeffer
- 4 Fenchelknollen
- 100 ml Olivenöl
- 2 Knoblauchzehen, in dünne Scheiben geschnitten
- 1 rote Paprikaschote, fein geschnitten
- 1/2 TL getrockneter Oregano
- 1/2 TL getrockneter Thymian

Die ofengegarten Tomaten haben eine festere Konsistenz und sind sehr intensiv im Geschmack. Ich empfehle, gleich eine größere Menge zuzubereiten; sie passen sehr gut zu Salaten und Huhn oder anderem Fleisch.

1 Ofen auf 120 °C (Gas 1/2 Flamme) oder niedrigster Stufe vorheizen. Tomaten waschen, Stielende entfernen und halbieren. Mit der Schnittseite nach oben auf ein mit Backpapier ausgelegtes Blech setzen. Salzen und pfeffern und je nach gewünschter Konsistenz 3–6 Stunden im Ofen garen. Je länger die Garzeit, desto geschmacksintensiver und trockener werden sie, fast wie sonnengetrocknete Tomaten.

2 Ofentemperatur auf 160 °C (Gas Stufe 3) erhöhen. Fenchel längs halbieren; alle braunen Stellen entfernen. In Schnitze schneiden (etwa 6 pro Hälfte) und in eine Bratenform geben. Die Hälfte des Öls darübergeben und mit Salz und Pfeffer würzen. 45 Minuten garen, dabei vorsichtig ein- oder zweimal wenden.

3 Restliches Öl bei niedriger Temperatur in einem Topf erhitzen. Knoblauch hineingeben und 2 Minuten garen. Paprika und Kräuter dazugeben und bei stärkerer Hitze schwenken, bis die Paprikaschoten gerade eben weich sind. Tomaten und Fenchel zugeben und leicht umrühren. 2–3 Minuten simmern lassen. Mit Salz und Pfeffer abschmecken und heiß servieren.

PRO PORTION GLYKÄMISCHE LAST 0; PROTEIN 2 G; KOHLENHYDRATE 7 G; FETT 23 G (DAVON 3 G GESÄTTIGTE FETTE); FASERSTOFFE 4 G

IM VORAUS ZUBEREITEN DIE TOMATEN KANN MAN IM VORAUS ZUBEREITEN UND EINE WOCHE IM KÜHLSCHRANK AUFBEWAHREN. AM BESTEN DIE DOPPELTE ODER DREIFACHE MENGE VORBEREITEN UND FÜR ANDERE REZEPTE VERWENDEN.

Kichererbsenküchlein

FÜR 6 PERSONEN

300 g getrocknete Kichererbsen, über Nacht eingeweicht
8 El Olivenöl
2 große Zwiebeln, gehackt
2 Knoblauchzehen, zerdrückt
1 TL gemahlener Kumin
1 TL getrockneter Thymian
3 EL gehackte glatte Petersilie
1 Ei, verschlagen
6 EL Kichererbsenmehl, und zusätzlich etwas zum Bestäuben
Salz und Pfeffer

Eignet sich als Beilage oder Vorspeise oder zusammen mit Griechischem Salat (s. Seite 82) als Hauptgericht.

1 Kichererbsen gründlich abspülen. Mit reichlich Wasser in einen großen Topf geben, aufkochen und 10 Minuten in sprudelndem Wasser kochen. Hitze reduzieren und rund 1 Stunde gleichmäßig simmern lassen, bis die Kichererbsen sehr weich sind; aufsteigenden Schaum gelegentlich abschöpfen. Abgießen und rund 100 ml der Kochflüssigkeit auffangen.

2 Kichererbsen in eine Küchenmaschine geben und mit der Kochflüssigkeit zu einer glatten Paste verarbeiten.

3 3 EL Öl in einer großen, nicht haftenden Pfanne erhitzen. Zwiebeln darin goldgelb anbraten. Knoblauch und Kumin zugeben und rühren, bis sich das Aroma entfaltet. Thymian und Petersilie hineingeben, gut vermengen und vom Herd nehmen. Kichererbsenpüree in einer großen Schüssel mit dem Ei, dem Kichererbsenmehl und der Zwiebelmischung gründlich vermengen. Salzen und pfeffern. Hände in kaltes Wasser tauchen, damit die Mischung nicht klebt. Walnussgroße Kichererbsenbällchen zu kleinen, flachen Küchlein formen. In etwas Kichererbsenmehl wenden. Auf ein mit Backpapier ausgelegtes Backblech legen und mindestens 1 Stunde im Kühlschrank ruhen lassen.

4 Restliches Öl in einer großen, nicht haftenden Pfanne erhitzen. Kichererbsenküchlein darin von beiden Seiten je 1–2 Minuten goldgelb braten. Herausheben und auf Küchenkrepp abtropfen lassen. Warm stellen, bis alle Küchlein gebraten sind; wenn nötig, mehr Öl in die Pfanne geben. Heiß oder mit Zimmertemperatur servieren, dazu Salat und Zitronen reichen.

PRO PORTION GLYKÄMISCHE LAST 5; PROTEIN 19 G; KOHLENHYDRATE 43 G; FETT 20 G (DAVON 3 G GESÄTTIGTE FETTE); FASERSTOFFE 9 G

IM VORAUS ZUBEREITEN DIE FERTIGEN KÜCHLEIN HALTEN SICH 3–4 TAGE IM KÜHLSCHRANK. DIE ROHE MASSE KANN BIS ZU 2 MONATE TIEFGEFROREN WERDEN.

Gelbes Erbsenpüree

FÜR 4 PERSONEN

250 g Chana dal-Kichererbsen oder gelbe Spalterbsen
3 Schalotten oder 1 Zwiebel, geviertelt
1 Knoblauchzehe, geschält
75 ml Olivenöl
1 TL kaltgepresstes Leinsamenöl (nach Belieben)
2 EL frischer Zitronensaft
Salz und gemahlener weißer Pfeffer
1 großer Bund Frühlingszwiebeln, fein gehackt
1 gehäufter EL frische Thymianblätter oder 1 TL getrocknete
frische glatte Petersilie oder frischer Oregano oder fein geschnittene, rote Zwiebelringe, zum Garnieren

Eines der Lieblingsgerichte meiner Kindheit, das in Griechenland als fava *bekannt ist. Es wird als Beilage zu Fisch, Fleisch oder Gemüse gereicht. Die besten gelben Erbsen kommen von der Vulkaninsel Santorini.*

1 Kichererbsen oder Erbsen über Nacht einweichen. Abgießen und gut abspülen.

2 Erbsen zusammen mit Schalotten oder Zwiebel und Knoblauch in einen großen Topf geben (kein Gusseisen). Reichlich Wasser zugeben und aufkochen lassen. Hitze reduzieren und 45–60 Minuten leicht simmern lassen, bis die Erbsen sehr weich sind; dabei gelegentlich umrühren und aufsteigenden Schaum abschöpfen.

3 Abgießen und Kochflüssigkeit auffangen. Schalotten oder Zwiebel herausnehmen. Erbsen in einer Küchenmaschine mit Olivenöl, Leinsamenöl und Zitronensaft zu einer glatten, hellen Paste verarbeiten (ein wenig von der Kochflüssigkeit zugeben, wenn die Paste zu dick wird). Mit Salz und Pfeffer abschmecken. Frühlingszwiebeln und Thymian zugeben und gut umrühren.

4 In eine Servierschüssel füllen und nach Belieben ein wenig Olivenöl und Zitronensaft darüberträufeln und mit Kräutern oder roter Zwiebel bestreuen. Heiß oder kalt servieren.

PRO PORTION GLYKÄMISCHE LAST 3; PROTEIN 10 G; KOHLENHYDRATE 25 G; FETT 13 G (DAVON 2 G GESÄTTIGTE FETTE); FASERSTOFFE 3 G

IM VORAUS ZUBEREITEN DAS PÜREE HÄLT SICH 4–5 TAGE IM KÜHLSCHRANK BZW. 2 MONATE IN DER TIEFKÜHLTRUHE.

Weiße Bohnen mit Tomaten

FÜR 4 PERSONEN

- 300 g Butterbohnen oder andere große weiße Bohnen, über Nacht eingeweicht
- 100 ml Olivenöl
- 2 große Zwiebeln, gehackt
- 2 Karotten, gewürfelt
- 2 Selleriestangen, gewürfelt
- 3 Knoblauchzehen, in dünne Scheiben geschnitten
- 1 TL getrockneter Thymian
- 1 TL getrockneter Oregano
- 400 g gestückelte Dosentomaten
- 2 EL Tomatenmark
- 1/2 EL Fruktose
- Salz und Pfeffer
- 3 EL gehackte frische Petersilie

In Griechenland ist dieser Klassiker als gigantes plaki *bekannt; er schmeckt heiß, warm oder kalt.*

1 Bohnen unter kaltem Wasser abspülen und in einen großen Topf geben. Mit Wasser bedeckt aufkochen. Bohnen fast weich kochen (nach rund 1 Stunde testen). In ein Sieb abgießen.

2 Ofen auf 180 °C (Gas Stufe 4) vorheizen.

3 Öl bei niedriger Temperatur in einem großen Topf erhitzen. Zwiebeln darin goldgelb anbraten. Unter ständigem Rühren Karotten, Sellerie, Knoblauch, Thymian und Oregano zugeben, bis sich die Aromen entfaltet haben.

4 Tomaten hinzugeben und 10 Minuten weitergaren. Tomatenmark, 300 ml heißes Wasser und die Bohnen in den Topf geben und gut vermengen. Mit Fruktose, Salz und Pfeffer abschmecken und gut mischen.

5 Mischung in eine feuerfeste Form füllen und rund 30 Minuten im Ofen garen. Bohnen gelegentlich testen und mehr Wasser zugeben, wenn sie trocken zu sein scheinen. Petersilie darüberstreuen und vor dem Servieren noch 5 Minuten im heißen Ofen stehen lassen.

PRO PORTION GLYKÄMISCHE LAST 14; PROTEIN 19 G; KOHLENHYDRATE 47 G; FETT 25 G (DAVON 4 G GESÄTTIGTE FETTE); FASERSTOFFE 14 G

IM VORAUS ZUBEREITEN DAS PÜREE HÄLT SICH 5 TAGE IM KÜHLSCHRANK UND TIEFGEFROREN 2 MONATE.

Schwarze Bohnen mit Kräutern

FÜR 2 PERSONEN

400 g schwarze Bohnen, über Nacht eingeweicht
2 EL Olivenöl
2 Schalotten, fein gehackt
1 TL gehackter frischer Thymian
1 TL gehackter frischer Oregano
2 EL gehackte glatte Petersilie
Salz und Pfeffer

Wussten Sie schon, dass schwarze Bohnen mehr Radikalenfänger enthalten als alle anderen Bohnen?

1 Bohnen abgießen und unter kaltem Wasser abspülen. In einem Topf mit Wasser bedecken und bei niedriger Temperatur durcherhitzen.

2 1 EL Öl bei mittlerer Temperatur in einer Pfanne erhitzen. Schalotten zugeben und glasig dünsten. Kräuter hineingeben. Die gut abgetropften Bohnen in die Pfanne geben, gut vermengen und mit Salz und Pfeffer abschmecken. Das restliche Olivenöl darüberträufeln.

PRO PORTION GLYKÄMISCHE LAST 6; PROTEIN 13 G; KOHLENHYDRATE 30 G; FETT 16 G (DAVON 2 G GESÄTTIGTE FETTE); FASERSTOFFE 7 G

Le Puy-Linsen mit Rotwein

FÜR 2 PERSONEN

200 g Le Puy-Linsen oder andere grüne Linsen
100 ml Rotwein
2 Schalotten, fein gehackt
2 EL Olivenöl
2 EL fein gehackte Kräuter oder Kräuteröl (s. Seite 68)
1 EL Balsamico
Salz und Pfeffer
ein wenig Fruktose

Dunkelgrüne Le Puy-Linsen gehören zu den wohlschmeckendsten Linsensorten und werden auch von Spitzenköchen favorisiert.

1 Linsen in einen Topf geben und mit Rotwein und 300 ml Wasser aufkochen. Hitze reduzieren und rund 30 Minuten simmern lassen, bis die Linsen weich sind. Das Kochwasser sollte komplett verdunstet sein; während der Garzeit Wasser zugeben, wenn nötig.

2 Die restlichen Zutaten zu den gekochten Linsen geben und weitere 5 Minuten leicht garen. Mit Salz, Pfeffer und Fruktose abschmecken.

PRO PORTION GLYKÄMISCHE LAST 12; PROTEIN 24 G; KOHLENHYDRATE 50 G; FETT 12 G (DAVON 2 G GESÄTTIGTE FETTE); FASERSTOFFE 9 G

IM VORAUS ZUBEREITEN DAS GERICHT SCHMECKT FRISCH AM BESTEN; ÜBRIGE MENGEN HALTEN SICH 3–4 TAGE IM KÜHLSCHRANK.

Mungbohnen- und Tomatensalat ▸

Mungbohnen sind kleine, grüne Bohnen, die grünen Linsen sehr ähnlich sind. Sie haben einen leicht nussigen Geschmack und stecken voller gesunder, löslicher Faserstoffe.

FÜR 4 PERSONEN

- 200 g Mungbohnen
- 75 g Rucola
- 1 große Zwiebel, fein geschnitten
- 2 große, reife Tomaten, klein geschnitten
- 4 sonnengetrocknete Tomaten, in Streifen geschnitten
- 2 EL gehackte glatte Petersilie
- 2 EL gehackte Walnüsse

DRESSING

- 100 ml Olivenöl
- 1 EL kaltgepresstes Leinsamenöl (nach Belieben)
- 1 EL gehackter frischer Koriander
- 1 EL gehackter frischer Thymian oder 1 TL getrockneter
- 1 EL Zitronensaft
- 1/2 TL Fruktose
- 1 TL Dijon-Senf
- Salz und Pfeffer

1 Mungbohnen mit rund 500 ml Wasser oder Brühe in einen Topf geben. Rund 40 Minuten garen, aber nicht zu weich kochen, weil sie sonst auseinanderfallen. Gut abtropfen lassen.

2 Rucola 10 Minuten in eiskaltes Wasser legen. Gut abtropfen lassen oder, besser noch, in einer Salatschleuder trocknen. Grob hacken.

3 Bohnen, Zwiebeln, Tomaten, Rucola und Petersilie in einer Schüssel gut vermengen.

4 Sämtliche Zutaten für das Dressing in eine kleine Schüssel geben und mit einem Stabmixer zerkleinern. Dressing über den Salat geben und leicht vermengen. Walnüsse darüberstreuen. Warm oder kalt auftragen.

PRO PORTION GLYKÄMISCHE LAST 9; PROTEIN 13 G; KOHLENHYDRATE 33 G; FETT 36 G (DAVON 5 G GESÄTTIGTE FETTE); FASERSTOFFE 8 G

Linsen- und Bohnensalat

Für dieses Rezept mit mexikanischen Anklängen werden drei verschiedene Hülsenfrüchte miteinander kombiniert.

FÜR 4 PERSONEN

- 150 g gelbe Linsen
- 400 g Kidney-Bohnen aus der Dose
- 400 g Kichererbsen aus der Dose
- 2 sonnengereifte Tomaten, gewürfelt
- 1 EL Jalapeño-Chilis aus dem Glas, fein gehackt
- 1 Zwiebel, fein gehackt
- 1 Knoblauchzehe, fein gehackt
- 3 EL gehackter frischer Koriander
- 2 EL Weißweinessig
- 4 EL Olivenöl
- 1 TL Fruktose
- Salz und Pfeffer

1 Linsen unter kaltem Wasser abspülen, bis das Wasser klar bleibt. 12–14 Minuten in kochendem Wasser garen, bis sie fast weich sind, aber immer noch etwas Biss haben. Abtropfen lassen und unter kaltem Wasser abspülen.

2 Bohnen und Kichererbsen unter kaltem Wasser abspülen. Mit den Linsen in eine große Schüssel geben.

3 Die übrigen Zutaten dazugeben und alles gut vermengen. Mit Salz und Pfeffer abschmecken.

PRO PORTION GLYKÄMISCHE LAST 14; PROTEIN 22 G; KOHLENHYDRATE 56 G; FETT 17 G (DAVON 2 G GESÄTTIGTE FETTE); FASERSTOFFE 11 G

IM VORAUS ZUBEREITEN KANN AM VORTAG ZUBEREITET UND IM KÜHLSCHRANK AUFBEWAHRT WERDEN.

Quinoa mit Lauch und Tomaten

FÜR 4 PERSONEN

250 g Quinoa
1/2 TL Salz
1 EL geklärte Butter
170 g Lauch, in feine Scheiben geschnitten
60 ml Hühner- oder Gemüsebrühe
3 EL Olivenöl
2 gelbe oder rote Tomaten, entkernt und gewürfelt
3 EL gehackter frischer Schnittlauch
3 EL gehacktes frisches Basilikum
1 EL frisch gepresster Zitronensaft
Salz und Pfeffer

1 Quinoa in ein Sieb geben und unter kaltem Wasser abspülen, bis das Wasser klar bleibt.

2 Quinoa und Salz mit 480 ml Wasser in einen Tof geben und aufkochen. Hitze reduzieren und rund 20 Minuten simmern lassen, bis das Getreide fast weich und das meiste Wasser verdunstet ist. Restliches Wasser abgießen und Getreide beiseite stellen.

3 Butter bei mittlerer Hitze in einem Topf schmelzen. Lauch darin schwenken, bis er weich ist. Brühe zugießen, aufkochen und rund 5 Minuten kochen.

4 Quinoa mit Olivenöl in den Topf geben, gut vermengen und rund 5 Minuten erhitzen. Zuletzt Tomaten, Schnittlauch, Basilikum und Zitronensaft hineingeben und ein paar Minuten unter leichtem Umrühren erhitzen. Mit Salz und Pfeffer abschmecken.

PRO PORTION GLYKÄMISCHE LAST 15; PROTEIN 9 G; KOHLENHYDRATE 50 G; FETT 14 G (DAVON 4 G GESÄTTIGTE FETTE); FASERSTOFFE 3 G

Quinoapilaf mit Kräutern

FÜR 8 PERSONEN

685 g Quinoa
1/2 TL Salz
3 EL Olivenöl
1 1/2 EL frisch gepresster Zitronensaft
200 g Pinienkerne, leicht geröstet
1 rote Zwiebel, fein geschnitten
3 Bund (60 g) frisches Basilikum, gehackt
Salz und Pfeffer

1 Quinoa in ein Sieb geben und unter kaltem fließendem Wasser abspülen, bis das Wasser klar bleibt.

2 Quinoa mit Salz und 1 Liter Wasser in einen Topf geben und aufkochen. Hitze reduzieren und rund 20 Minuten simmern lassen, bis das Getreide fast weich und das meiste Wasser verdunstet ist. Übriges Wasser abgießen und Getreide in eine große Schüssel füllen.

3 Mit einer Gabel Olivenöl und Zitronensaft unterrühren und auf Zimmertemperatur abkühlen lassen.

4 Pinienkerne, rote Zwiebel und Basilikum unterheben. Mit Salz und Pfeffer abschmecken.

PRO PORTION GLYKÄMISCHE LAST 5; PROTEIN 40 G; KOHLENHYDRATE 17 G; FETT 27 G (DAVON 13 G GESÄTTIGTE FETTE); FASERSTOFFE 4 G

Graupen-Risotto mit Parmesan

FÜR 4 PERSONEN

1 1/2 Liter Hühnerbrühe
6 EL geklärte Butter
1 Zwiebel, fein gehackt
2 Knoblauchzehen, fein gehackt
400 g Pelgraupen
100 g Champignons, in Scheiben geschnitten
Salz und Pfeffer
50 g Parmesan, gerieben
1 EL fein gehackter frischer Schnittlauch
1 EL gehackte Petersilie
1 EL gehacktes frisches Basilikum

1 Brühe aufkochen und warm stellen.

2 2 EL Butter bei mittlerer Hitze in einem großen Topf schmelzen. Zwiebel und Knoblauch darin schwenken, bis die Zwiebel weich ist, aber noch keine Farbe angenommen hat. Graupen zugeben und rühren, bis sie gleichmäßig mit Butter überzogen sind.

3 120 ml Brühe zugießen und unter häufigem Rühren simmern lassen. Von der restlichen Brühe jeweils 120 ml zugießen und rühren, bis sie ganz absorbiert ist; darauf achten, dass das Getreide nicht am Topfboden haftet. Insgesamt rund 45 Minuten garen, bis die Graupen weich sind, aber noch etwas Biss haben; das Gericht sollte sämig sein.

4 In der Zwischenzeit 2 EL Butter in einer Pfanne schmelzen, Pilze zugeben und rund 4 Minuten schwenken, bis sie weich sind. Mit Salz und Pfeffer würzen.

5 Pilze, Parmesan, Kräuter und restliche Butter zu den gekochten Graupen geben. Gut vermengen und mit Salz und Pfeffer abschmecken.

PRO PORTION GLYKÄMISCHE LAST 22; PROTEIN 14 G; KOHLENHYDRATE 89 G; FETT 26 G (DAVON 16 G GESÄTTIGTE FETTE); FASERSTOFFE 1 G

Basmati-Reissalat mit Nüssen

FÜR 6 PERSONEN

375 g brauner Basmati-Reis
115 g Frühlingszwiebeln, fein geschnitten
150 g Sellerie, fein geschnitten
40 g Petersilie, fein gehackt
115 g gehackte Walnüsse

DRESSING

5 EL Olivenöl
5 EL frisch gepresster Zitronensaft
3 EL Sojasauce
2 1/2 TL gemahlener Kumin
Salz und Pfeffer

1 Reis mit 1 Liter Wasser in einem Topf zum Kochen bringen. Bei reduzierter Hitze zugedeckt rund 35 Minuten garen und in ein Sieb abgießen. Reis in eine große Schüssel füllen und mit einer Gabel durchrühren, um eventuelle Klumpen aufzulösen. Abkühlen lassen.

2 Frühlingszwiebeln, Sellerie, Petersilie und Walnüsse unter den Reis mengen.

3 Alle Zutaten für das Dressing in einer kleinen Schüssel gut vermengen. Dressing über den Salat geben und alles gut mischen. Mit Salz und Pfeffer würzen.

PRO PORTION GLYKÄMISCHE LAST 21; PROTEIN 8 G; KOHLENHYDRATE 53 G; FETT 24 G (DAVON 3 G GESÄTTIGTE FETTE); FASERSTOFFE 3 G

IM VORAUS ZUBEREITEN DAS GERICHT KANN 3 TAGE IM VORAUS ZUBEREITET WERDEN. MAN KANN AUCH REISRESTE VERWENDEN; DANN SOLLTE DER SALAT ALLERDINGS SOFORT VERZEHRT WERDEN.

Pfirsiche mit Granatapfelkernen und Rosmarin ▸

FÜR 4 PERSONEN

- 2 Pfirsiche
- 2 Nektarinen
- 40 g geklärte Butter
- 2 EL Fruktose
- Saft von 2 Orangen
- 1 Zweig frischer Rosmarin
- 1 Granatapfel
- 60 g Pistazien, grob gehackt

Ein köstliches und zudem überaus gesundes Dessert. Pfirsiche sind ein niedrigglykämisches Obst, Granatäpfel und Rosmarin meisterliche Radikalenfänger!

1 Pfirsiche und Nektarinen waschen, trocknen und in Scheiben schneiden. Butter bei niedriger Temperatur in einer Pfanne schmelzen. Pfirsiche und Nektarinen darin 2 Minuten garen. Fruktose zugeben und 2–3 Minuten karamellisieren.

2 Orangensaft und Rosmarin zugeben und 5–6 Minuten simmern lassen, bis die Flüssigkeit eindickt. Pfanne vom Herd nehmen.

3 In der Zwischenzeit Granatäpfel halbieren, die Kerne herauslösen und das bittere Innere entfernen.

4 Pfirsiche und Nektarinen auf 4 Dessertteller verteilen. Mit Granatapfelkernen und Pistazien bestreuen.

PRO PORTION GLYKÄMISCHE LAST 7; PROTEIN 4 G; KOHLENHYDRATE 23 G; FETT 13 G (DAVON 6 G GESÄTTIGTE FETTE); FASERSTOFFE 3 G

Crème brûlée mit Passionsfrucht

FÜR 4 PERSONEN

- 3 Passionsfrüchte
- 300 ml Milch
- 200 ml Crème double
- 3 EL Fruktose, und zusätzlich 1 EL zum Garnieren
- 1/4 TL gemahlener Kardamom
- 2 Eier
- 2 Eigelb

1 Ofen auf 150 °C (Gas Stufe 2) vorheizen. Passionsfrüchte halbieren und Fleisch herauslöffeln. Durch ein Sieb streichen; Kerne darin auffangen.

2 Milch, Sahne, Fruktose, Kardamom und Saft der Passionsfrucht in einen Topf geben. Mischung erhitzen, bis die Fruktose sich aufgelöst hat. Zu einer glatten Masse verarbeiten (eventuell mit einem Stabmixer).

3 Eier und Eigelb mit einem Schneebesen verschlagen und die heiße Milchmasse unter ständigem Rühren zugießen. Durch ein Sieb wieder in den Topf geben, um eventuelle Eireste zu entfernen.

4 Mischung in einzelne feuerfeste Förmchen füllen und diese in eine Bratenform stellen. 1 Liter kaltes Wasser in die Form füllen. In den Ofen stellen und 30–40 Minuten (je nach Dicke der Förmchen) im Wasserbad garen, bis die Mischung fest zu werden beginnt. Aus dem Ofen nehmen und abkühlen lassen.

5 Unmittelbar vor dem Servieren mit Fruktose bestreuen und unter einem Grill oder mit einem Bunsenbrenner oder Brülier-Eisen karamellisieren.

PRO PORTION GLYKÄMISCHE LAST 4; PROTEIN 9 G; KOHLENHYDRATE 17 G; FETT 33 G (DAVON 18 G GESÄTTIGTE FETTE); FASERSTOFFE 0 G

◂Blaubeerensuppe mit Avokadocreme

FÜR 4 PERSONEN

500 g Blaubeeren
4–6 EL Fruktose
2 EL Maismehl

AVOCADOCREME

150 g Fromage frais oder Quark (1 % Fett)
2 EL Fruktose
1 EL Zitronensaft (oder mehr), zum Abschmecken
1/4 TL gemahlener Zimt

Die Kombination mag merkwürdig anmuten, aber ich empfehle, das Rezept unbedingt zu testen; es gehört zu meinen Lieblingsdesserts.

1 Blaubeeren und Fruktose mit 500 ml Wasser in einen Topf geben und erhitzen, bis das Wasser zu sieden beginnt. Hitze reduzieren und 3–4 Minuten simmern lassen. Maismehl mit 3 Esslöffeln kaltem Wasser verrühren und unter ständigem Rühren zu den Blaubeeren geben. Suppe ganz abkühlen lassen.

2 Alle Zutaten für die Avokadocreme in ein schmales, hohes Gefäß geben und mit dem Stabmixer zu einer glatten Masse verarbeiten.

3 Blaubeerensuppe in kleine Schüsseln oder auf Suppenteller füllen. Je einen großen Löffel voll Avokadocreme hineingeben und servieren.

PRO PORTION GLYKÄMISCHE LAST 9; PROTEIN 6 G; KOHLENHYDRATE 48 G; FETT 7 G (DAVON 1 G GESÄTTIGTE FETTE); FASERSTOFFE 5 G

Graupenpudding mit Himbeeren

FÜR 4 PERSONEN

115 g Perlgraupen
1 Liter teilentrahmte Milch
1/2 Zimtstange
1/2 TL Salz
2 EL Fruktose
200 ml Crème double
75 g Frischkäse (1 % Fett)

HIMBEERSAUCE

500 g Himbeeren, frisch oder tiefgefroren (aufgetaut)
4 EL Fruktose

Die Zubereitung entspricht der eines sahnigen Reispuddings, doch sind Perlgraupen mit ihrem niedrigeren GI für den Blutzuckerspiegel verträglicher.

1 Graupen mit 240 ml Wasser in einen schweren Topf füllen und bei mittlerer Hitze zum Kochen bringen; dabei gelegentlich umrühren.

2 Milch, Salz und Zimt zugeben und Hitze verringern. Rund 25 Minuten simmern lassen, gelegentlich umrühren und die Hitze so regulieren, dass die Gerste nicht ansetzt. Graupen kochen, bis sie eine breiartige Konsistenz haben. Wenn nötig, mehr Milch zugeben und etwas länger garen. Pudding in eine Schüssel füllen, mit 2 TL der Fruktose bestreuen und auf Zimmertemperatur abkühlen lassen. Im Kühlschrank weiter abkühlen.

3 Crème double mit der restlichen Fruktose verschlagen. Frischkäse und Graupenpudding unterheben.

4 Für die Sauce Himbeeren mit der Fruktose pürieren und durch ein Sieb passieren. Die Sauce kann ungekocht oder gekocht und mit etwas Maismehl angedickt serviert werden; ich ziehe die ungekochte Variante vor.

5 Graupenpudding in Schüsseln mit Himbeersauce übergießen oder Sauce separat auftragen.

PRO PORTION GLYKÄMISCHE LAST 16; PROTEIN 16 G; KOHLENHYDRATE 80 G; FETT 30 G (DAVON 18 G GESÄTTIGTE FETTE); FASERSTOFFE 3 G

Zimtparfait mit marinierten Beeren

FÜR 6 PERSONEN

300 ml Crème double
2 Eier
3 Eigelb
100 g Fruktose
1/2 TL gemahlener Zimt
200 g fettarmer Frischkäse

MARINIERTE BEEREN

1 Vanilleschote
1 Stück Zimtstange
4 EL Fruktose
500 g Beeren, frisch oder tiefgefroren

Für diese einfache Eiscreme benötigt man keine Eismaschine. Mit marinierten oder frischen Beeren oder Himbeersauce (s. Seite 149) servieren.

1 Crème double steif schlagen und in den Kühlschrank stellen. Eier, Eigelb und Fruktose zu einer dickflüssigen, hellgelben Masse verschlagen (am besten mit einem Handrührgerät). Zimt zugeben. Frischkäse lockern, mit der Crème double verrühren und vorsichtig unter die Eimischung heben.

2 Mischung in 6 einzelne, mit Frischhaltefolie ausgelegte Schälchen füllen. Mit Folie abdecken und für mindestens 6 Stunden in die Gefriertruhe stellen. 10 – 15 Minuten vor dem Servieren herausnehmen.

3 Für die marinierten Beeren Vanille, Zimt und Fruktose mit 200 ml Wasser in einen Topf geben und aufkochen lassen. Hitze reduzieren und 10 Minuten leicht simmern lassen. Warme Marinade über die gefrorenen Beeren geben; bei frischen oder aufgetauten Beeren auf Zimmertemperatur abkühlen lassen. Mindestens 1 Stunde ziehen lassen, damit die Aromen sich entfalten.

PRO PORTION GLYKÄMISCHE LAST 7; PROTEIN 8 G; KOHLENHYDRATE 35 G; FETT 30 G (DAVON 18 G GESÄTTIGTE FETTE); FASERSTOFFE 2 G

Himbeer-Joghurtsorbet

FÜR 4 PERSONEN

500 g tiefgefrorene Himbeeren
90 g Fruktose oder mehr, zum Abschmecken
250 g Joghurt natur
1 EL frischer Zitronensaft

Diese Nachspeise ist in wenigen Minuten zubereitet. Es eignen sich tiefgefrorene Beeren jeder Art; auch Erdbeeren schmecken köstlich.

1 Ein paar Beeren zum Garnieren zurücklassen. Alle Zutaten in einer Küchenmaschine zerkleinern, bis sie die gewünschte Konsistenz haben. Je länger man sie bearbeitet, desto dünner wird das Sorbet. Für eine süßere Variante mehr Fruktose zugeben.

2 Sofort in Glasschälchen servieren. Mit gefrorenen Beeren garnieren.

PRO PORTION GLYKÄMISCHE LAST 7; PROTEIN 5 G; KOHLENHYDRATE 34 G; FETT 1 G (DAVON 0 G GESÄTTIGTE FETTE); FASERSTOFFE 3 G

Echtes Vanilleeis

FÜR 6 PERSONEN

200 ml Milch
300 ml Sahne
2 Vanilleschoten
5 Eigelb
70 g Fruktose
1 Prise Salz

Mit einer Eismaschine und einem Handrührgerät ist diese üppige Eiscreme leicht herzustellen. Für Mandeleis gibt man lediglich eine Vanilleschote und zusätzlich 40 g gehackte, leicht geröstete Mandeln zu der gekühlten Masse, bevor diese tiefgefroren wird.

1 Milch und Sahne in einem Topf aufkochen. Topf vom Herd nehmen.

2 Vanilleschoten der Länge nach aufschneiden und Vanillemark mit einem kleinen Messer oder einem Teelöffel herauskratzen. Zusammen mit den Schoten in die Milchsahne geben und bei niedrigster Temperatur 20 Minuten erhitzen.

3 Eigelb und Fruktose – am besten mit einem Handmixgerät – zu einer hellen, luftigen Masse verrühren. Vanilleschoten entfernen und die Milch nach und nach in das verschlagene Eigelb geben. Mischung wieder in den Topf füllen. Eine kleine Prise Salz zugeben.

4 Unter ständigem Rühren erhitzen, bis die Masse dickflüssig einen Löffelrücken überzieht; nicht kochen lassen, da sie sonst gerinnt.

5 In eine Schüssel füllen und auf Zimmertemperatur abkühlen lassen. In den Kühlschrank stellen. Durchgekühlte Masse in eine Eismaschine füllen. In einen luftdichten Behälter geben und in der Tiefkühltruhe lagern.

Wenn Sie keine Eismaschine haben, stellen Sie die gekühlte Mischung 30–40 Minuten in die Gefriertruhe. Herausnehmen und am besten mit einem Handrührgerät so lange mixen, bis alle Eiskristalle zerkleinert sind. Wieder in die Gefriertruhe stellen. Vorgang zwei- oder dreimal wiederholen und Eiscreme dann fest werden lassen.

PRO PORTION GLYKÄMISCHE LAST 3; PROTEIN 5 G; KOHLENHYDRATE 16 G; FETT 15 G (DAVON 8 G GESÄTTIGTE FETTE); FASERSTOFFE 0 G

»Panna cotta«

FÜR 4 PERSONEN

3 Blatt Gelatine, in kaltem Wasser eingeweicht
300 ml teilentrahmte Milch
1 EL Honig
2 EL Fruktose
1/4 TL gemahlener Zimt
150 g Fromage frais oder Quark (1 % Fett)
1 Orange, geschält und gewürfelt
40 g Walnüsse, gehackt

Üblicherweise wird dieses italienische Dessert mit Sahne zubereitet; Fromage frais ergibt die deutlich fettreduzierte Variante. Anstelle von Orange und Walnüssen kann man auch frische Pfirsiche, Erdbeeren oder Himbeeren verwenden.

1 Milch, Honig, Fruktose und Zimt in einen Topf geben. Langsam aufkochen und rund 5 Minuten bei kleiner Hitze simmern lassen. Topf vom Herd nehmen.

2 Gelatine ausdrücken, in die Milch geben und rühren, bis sich die Gelatine vollständig aufgelöst hat. Mischung auf rund 40 °C abkühlen lassen (mit dem Finger testen).

3 Fromage frais zugeben und gegebenenfalls mit einem Stabmixer gut verrühren. Mischung in 4 Gläser füllen und mindestens 3–4 Stunden im Kühlschrank fest werden lassen.

4 Gewürfelte Orange mit Walnüssen mischen, mit etwas Fruktose abschmecken und vor dem Servieren über die Panna cotta streuen.

PRO PORTION GLYKÄMISCHE LAST 4; PROTEIN 7 G; KOHLENHYDRATE 21 G; FETT 8 G (DAVON 1,5 G GESÄTTIGTE FETTE); FASERSTOFFE 1 G

Birnen in Rotwein mit Kardamomsauce ▸

FÜR 4 PERSONEN

4 Birnen
1 Flasche Rotwein
40 g Fruktose
1/2 TL gemahlener Zimt (oder 1 zerbrochene Zimtstange)
2–3 Kardamomkapseln
50 g geschälte Walnüsse, gehackt

KARDAMOMSAUCE

150 g Quark (1 % Fett) oder griechischer Joghurt natur (0 % Fett)
50 g Fruktose
1/2 EL gemahlener Kardamom
Saft einer 1/2 Zitrone

1 Alle Zutaten für die Sauce vermengen. Zugedeckt kalt stellen, damit sich die Aromen entfalten, während die Birnen garen.

2 Birnen schälen; die Stängel dranlassen. Wein in einem hohen Topf, in dem die Birnen gerade nebeneinander Platz haben, mit Fruktose, Zimt und Kardamom zum Kochen bringen. Hitze reduzieren und 5 Minuten simmern lassen.

3 Birnen in den Wein geben und 20–40 Minuten simmern lassen, bis die Birnen gerade eben weich sind, wenn man sie mit einem Spieß ansticht. Im Wein abkühlen lassen. Birnen mit einem Schöpflöffel herausheben und auf eine Servierplatte legen. Wein durch ein Sieb in einen sauberen Topf abgießen und leicht reduzieren. Etwas abkühlen lassen und über die Birnen gießen.

4 Birnen mit ein paar Walnüssen bestreuen; Kardamomsauce getrennt auftragen.

PRO PORTION GLYKÄMISCHE LAST 8; PROTEIN 5 G; KOHLENHYDRATE 34 G; FETT 9 G (DAVON 1 G GESÄTTIGTE FETTE); FASERSTOFFE 3 G

Bratäpfel mit Vanillesauce

FÜR 4 PERSONEN

4 Äpfel
50 g geschälte Walnüsse, gehackt
50 g Fruktose
1/2 TL Zimt
1 EL Butter, in Flocken zerteilt
50 g blättrige Mandeln, leicht geröstet

VANILLESAUCE

1/2 Vanilleschote
90 g Fromage frais, Quark oder griechischer Joghurt
50 g Fruktose
Saft einer 1/2 Zitrone oder Limette

Das Rezept eignet sich genauso gut für Birnen. Anstelle der Vanille passt auch das Aroma von gemahlenem Zimt oder Kardamom.

1 Ofen auf 180 °C (Gas Stufe 4) vorheizen.

2 Für die Vanillesauce Schote der Länge nach aufschneiden und Mark mit einem kleinen Messer oder Teelöffel herauskratzen. Mit Fromage frais oder Joghurt vermengen und Fruktose und Zitronen- oder Limettensaft unterrühren. In den Kühlschrank stellen, damit sich die Aromen entfalten können.

3 Äpfel schälen und in Spalten schneiden. In eine feuerfeste Form füllen. Mit Walnüssen, Fruktose und Zimt bestreuen und gut vermischen. Butterflocken darübergeben und 20 Minuten im Ofen backen.

4 Äpfel vor dem Auftragen mit den Mandeln bestreuen und mit Vanilleeis servieren.

PRO PORTION GLYKÄMISCHE LAST 10; PROTEIN 7 G; KOHLENHYDRATE 40 G; FETT 20 G (DAVON 4 G GESÄTTIGTE FETTE); FASERSTOFFE 3 G

Birnen-Apfel-Aprikosenkompott

FÜR 6 PERSONEN

300 g getrocknete Aprikosen
2 Birnen
2 Äpfel
Abrieb und Saft einer 1/2 Zitrone
50 g Fruktose
1 Zimtstange
2 Nelken
1 TL Maismehl

Wenn Sie nicht alle drei Früchte vorrätig haben, erhöhen Sie einfach die Menge der beiden übrigen.

1 Aprikosen über Nacht einweichen.

2 Birnen und Äpfel schälen und das Kerngehäuse entfernen. Jede Frucht achteln. Aprikosen abtropfen lassen. Alle Früchte mit Zitronenabrieb und -saft, Fruktose, Zimt, Nelken und 500 ml Wasser in einen Topf geben. Aufkochen, Hitze reduzieren und simmern lassen, bis das Obst weich wird.

3 Mit dem Schöpflöffel in eine Schüssel füllen und zugedeckt abkühlen lassen. Den Fruchtsaft weitere 10 Minuten simmern lassen. Maismehl mit einem Esslöffel Wasser verrühren und in den Saft rühren. Aufkochen, Saft durch ein Sieb abgießen und abkühlen lassen.

4 Den erkalteten Saft über das Obst geben. Kalt mit Joghurt oder Vanillesauce (s. oben) servieren.

PRO PORTION GLYKÄMISCHE LAST 9; PROTEIN 2 G; KOHLENHYDRATE 36 G; FETT 0 G (DAVON 0 G GESÄTTIGTE FETTE); FASERSTOFFE 4,5 G

Weras fantastischer Schokoladenkuchen

ERGIBT 12 STÜCKE

etwas geschmolzene Butter
400 g gemahlene Mandeln
50 g Vollmilchschokolade
5 Eier
100 g Fruktose
2 EL Kakao
2 TL Backpulver

FÜLLUNG

100 g Butter mit Zimmertemperatur
100 g Fruktose
1 TL Vanillezucker
2 Eigelb

ÜBERGUSS

50 g dunkle Schokolade
1 TL Vanillezucker
20 g ungesalzene Butter
1 TL Instant-Kaffeepulver
1 EL Wasser

Die Füllung enthält rohes Eigelb.

1 Ofen auf 160 °C (Gas Stufe 3) vorheizen. Eine 23 cm große, runde Kuchenform mit geschmolzener Butter einfetten.

2 Mandeln und Schokolade in einer Küchenmaschine zu einer sehr feinen Masse verarbeiten.

3 Eier und Fruktose zu einer dickflüssigen, hellen Masse verrühren. Kakao und Backpulver hineinsieben und Schokoladenmasse leicht unterheben. Mischung in die Kuchenform füllen und auf niedrigster Stufe 30 Minuten backen; wenn an einem Spieß, den man in die Kuchenmitte sticht, kein Teig mehr klebt, ist der Kuchen gar.

4 Rand mit einem Messer lösen. Kuchen auf einen Kuchendraht stürzen und abkühlen lassen.

5 Für die Füllung Butter mit Fruktose und Vanillezucker schaumig rühren. Eigelb zugeben und weiterrühren.

6 Für den Überguss alle Zutaten in einer kleinen Glasschüssel über einem Topf mit leicht kochendem Wasser so lange rühren, bis alles gut vermengt ist. Beiseite stellen und lauwarm werden lassen.

7 Kuchen einmal quer durchschneiden. Füllung auf der unteren Hälfte verteilen. Darauf die andere Hälfte setzen und mit der Schokoladenglasur bestreichen. Eine Weile im Kühlschrank durchziehen lassen.

PRO PORTION GLYKÄMISCHE LAST 8; PROTEIN 11 G; KOHLENHYDRATE 26 G; FETT 33 G (DAVON 10 G GESÄTTIGTE FETTE); FASERSTOFFE 3 G

◂ Karottenkuchen

ERGIBT 12 STÜCKE

- 3 große Eier
- 150 g Fruktose
- 125 ml Rapsöl (Canolaöl)
- 90 g Dinkelvollkornmehl
- 45 g Sojamehl
- 30 g geriebene Mandeln
- 2 TL Backpulver
- 1/2 TL gemahlener Zimt
- 1/2 TL Ingwer, gerieben
- 1/4 TL Salz
- 400 g Karotten, fein geraspelt
- 60 g Walnüsse, gehackt

GLASUR

- 200 g fettarmer Frischkäse
- 2 EL Fruktose
- 1 EL Zitronensaft
- 1/2 TL Vanillezucker

Ein glykämisch aufbereiteter Klassiker.

1 Ofen auf 180 °C (Gas Stufe 4) vorheizen. Eine 23 cm große Kuchenform einfetten.

2 Eier und Fruktose mit einem Handrührgerät zu einer sehr dickflüssigen, hellen Masse verrühren. Herunterschalten und Öl zugeben. Mehl, Sojamehl, geriebene Mandeln, Backpulver, Zimt, Ingwer und Salz zugeben. Alles gut vermengen. Karotten und Walnüsse unterheben.

3 Mischung in die vorbereitete Kuchenform füllen. 40–50 Minuten backen; wenn an einem Spieß, den man in die Kuchenmitte einsticht, kein Teig mehr klebt, ist der Kuchen gar. 15 Minuten in der Form auf einem Kuchendraht abkühlen lassen. Aus der Form lösen und ganz abkühlen lassen.

4 Zutaten für die Glasur verrühren und Kuchen damit überziehen. Vor dem Servieren mindestens 1 Stunde in den Kühlschrank stellen.

PRO PORTION GLYKÄMISCHE LAST 9; PROTEIN 6 G; KOHLENHYDRATE 28 G; FETT 18 G (DAVON 2 G GESÄTTIGTE FETTE); FASERSTOFFE 1,5 G

Mandeltörtchen mit Kardamomcreme und Erdbeeren

ERGIBT 8 STÜCKE

- 170 g Mandeln
- 2 EL Fruktose
- 3 EL Butter mit Zimmertemperatur
- 50 g feine Haferflocken

FÜLLUNG UND ÜBERZUG

- 75 g Fromage frais oder Quark (1 % Fett)
- 1 EL Fruktose
- 1/2 TL Vanillezucker
- 1/4 TL gemahlener Zimt
- 1/4 TL gemahlener Kardamom
- 250 g frische Erdbeeren

1 Ofen auf 180 °C (Gas Stufe 4) vorheizen. 8 Tartelette-Förmchen mit der geschmolzenen Butter einfetten.

2 Mandeln mit der Fruktose zerkleinern (nicht zu fein). Butter und Haferflocken zugeben. Teig in 8 Teile teilen, jedes flach klopfen, eventuell leicht ausrollen und Förmchen damit auskleiden. 10–12 Minuten backen, bis der Teig fest und goldgelb ist. Vorsichtig herauslösen, da die Törtchen leicht zerbröseln.

3 Für die Füllung Fromage frais, Fruktose, Vanillezucker und Kardamom vermengen und Mischung auf die Törtchen streichen. Erdbeeren halbieren und auf der Kardamomcreme verteilen.

PRO PORTION GLYKÄMISCHE LAST 5; PROTEIN 6 G; KOHLENHYDRATE 14 G; FETT 17 G (DAVON 4 G GESÄTTIGTE FETTE); FASERSTOFFE 2,5 G

GL-Liste

Die Angaben in der nachstehenden Tabelle stammen aus mehreren Labors in verschiedenen Ländern. Es gibt nicht unerhebliche Schwankungen aufgrund unterschiedlicher Testmethoden, Berechnungsgrundlagen und Lebensmittelbestandteile; mitunter wurde auf der Grundlage mehrerer Studien ein Durchschnittswert ermittelt. Bei Reis etwa gibt es eine beachtliche Bandbreite an GL-Werten, was auf botanische Unterschiede innerhalb der einzelnen Anbauländer zurückzuführen ist.

Die erste Kolonne der Tabelle gibt Auskunft über den Glykämischen Index. Aus der zweiten geht hervor, welche Essensmenge 50 Gramm Kohlenhydrate enthält, die Menge, anhand derer in Labortests der GI ermittelt wird. Die dritte Kolonne bildet meine Berechnungsgrundlage für die Glykämische Last (GL), ausgehend von 100 g Lebensmitteln; das Ergebnis ist in der vierten Kolonne festgehalten.

Wenn man die Tabelle konsultiert, empfiehlt es sich, nicht einzelne Zahlen festzuhalten, sondern nach der Kategorie eines hohen, mittleren oder niedrigen GL vorzugehen. Einen GL von über 20 betrachte ich als hoch; den mittleren Wert siedle ich bei 11 bis 19 an, und ein niedriger GL liegt bei 10 und darunter.

Lebensmittel	GI	Lebensmittelmenge in Gramm, in der 50 g Kohlenhydrate enthalten sind	Kohlenhydratmenge pro 100 g Lebensmittel	GL pro 100 g Lebensmittel
Affenbrotbaum-Frucht (Baobab)	68	222	23	15
Ananas	59	462	11	6
Ananassaft, ungesüßt	46	357	14	6
Apfel	38	400	13	5
Apfelringe, getrocknet	29	88	57	16
Apfelsaft, ungesüßt	40	431	12	5
Aprikosen	57	667	8	4
Aprikosen aus der Dose, leicht gezuckert	64	316	16	10
Aprikosen, getrocknet	31	107	47	14
Backpflaumen, entsteint, verzehrfertig	29	91	55	16
Bagel (Gebäck)	72	100	50	36
Baguette	95	100	50	48
Banane	52	250	20	10
Birnen	38	545	9	3
Birnen aus der Dose, mit Saft	43	545	9	4
Bohnen, Baked Beans	48	500	10	5
Bohnen, Borlotti (braun), getrocknet u. gekocht	24	100	50	12
Bohnen, Fava (dicke grüne Bohnen), gekocht	79	364	14	11
Bohnen, grüne, gekocht	29	1667	8	2
Bohnen, Kidney, getrocknet und gekocht	28	300	17	5
Bohnen, Kidney, aus der Dose	52	441	11	6
Bohnen, Lima- oder Butterbohnen, getr. u. gek.	32	250	20	6
Bohnen, Lima- oder Butterbohnen, aus d. Dose	36	335	15	5
Bohnen, Mungbohnen, getrocknet und gekocht	31	441	11	4
Bohnen, Mungbohnensprossen	25	441	11	3
Bohnen, Pinto, getrocknet und gekocht	39	288	17	7
Bohnen, schwarze, getrocknet und gekocht	20	300	17	3
Bohnen, Schwarze-Augen, getrockn. u. gek.	42	250	20	8
Bohnen, Soja, getrocknet und gekocht	18	1250	4	1
Bohnen, Soja, aus der Dose	14	1250	4	1
Bohnen, weiße, getrocknet und gekocht	38	242	21	8
Brot, Dinkel, dunkel	63	79	63	40
Brot, flaches orientalisches Fladenbrot	97	94	53	52
Brot, glutenfreies Weißbrot	76	100	50	38
Brot, Haferflocken	47	83	60	28
Brot, Hamburgerbrötchen	61	100	50	31
Brot, Knäckebrot	64	78	64	41
Brot, Mehrkorn	43	108	46	20
Brot, Pitta	57	88	57	32

Lebensmittel	GI	Lebensmittelmenge in Gramm, in der 50 g Kohlenhydrate enthalten sind	Kohlenhydratmenge pro 100 g Lebensmittel	GL pro 100 g Lebensmittel
Brot, Pumpernickel	50	125	40	20
Brot, Reis	66	116	43	28
Brot, Roggen, dunkel (100 % Vollkorn)	58	107	47	27
Brot, Sauerteig, Weißmehl	54	107	47	25
Brot, Soja und Leinsamen	36	166	30	11
Brot, Sonnenblumen und Gerste	57	151	37	21
Brot, steingemahlenes Vollkorn	49	94	53	26
Brot, weiß	70	98	51	36
Brot, Weißmehl, 80 % Vollkorn	52	75	67	35
Buchweizen	54	250	20	11
Bulgur	48	288	17	8
Cashewnüsse	22	192	26	6
Cerealien, Cheerios (Nestlé)	74	75	67	49
Cerealien, Cornflakes	81	58	87	70
Cerealien, Grapenuts	71	71	70	50
Cerealien, Kellogg's All-Bran	42	100	50	21
Cerealien, Kellogg's Coco Pops	77	58	87	67
Cerealien, Kellogg's Frosties	55	58	87	48
Cerealien, Kellogg's Just Right	60	64	78	47
Cerealien, Kellogg's Special K.	54	71	70	38
Cerealien, Puffweizen	74	71	70	52
Cerealien, Shredded Wheat	75	76	66	49
Cerealien, Weetabix	70	79	63	44
Cranberrysaft	56	431	12	6
Coca Cola	58	481	10	6
Croissant	67	110	46	31
Couscous, gekocht	58	431	12	7
Datteln, getrocknet	103	75	67	69
Eiscreme, fettreduziert (1,2 – 7,2 % Fett)	43	227	22	9
Eiscreme, hochwertig (15 % Fett)	37	278	18	7
Erbsen, frische grüne	48	571	9	4
Erdbeeren	40	2000	3	1
Erdnüsse	14	417	12	2
Fanta, orange	68	368	14	9
Fruktose	19	50	100	19
Glukose	100	50	100	100
Grapefruit	25	545	9	2
Grapefruitsaft, ungesüßt	48	625	8	4
Graupen, Perlgraupen	25	179	28	7

Lebensmittel	GI	Lebensmittelmenge in Gramm, in der 50 g Kohlenhydrate enthalten sind	Kohlenhydrat-menge pro 100 g Lebensmittel	GL pro 100 g Lebensmittel
Graupenbrei/Graupenvollkornmehl	68	179	28	19
Haferbrei aus Haferflocken	55	500	10	5
Haferbrei aus Oatbran (Haferflockenprodukt)	58	568	9	5
Haferbrei, instant	66	481	10	7
Hafergebäck (Oatcakes)	57	79	63	36
Hirse, gekocht	71	208	24	17
Honig	55	69	72	40
Hummus	6	300	17	1
Joghurt, entrahmt, natur, ungesüßt	33	625	8	3
Joghurt, entrahmt, mit Aspartam	14	769	7	1
Joghurt, entrahmt, mit Früchten und Zucker	33	323	16	5
Joghurt, entrahmt, Soja, mit Früchten u. Zucker	50	385	13	7
Joghurt, teilentrahmt, Früchten und Zucker	33	303	16	5
Joghurt, teilentrahmt, mit Früchten u. Aspartam	14	862	6	1
Karotte, gekocht	58	667	8	4
Karotte, roh	16	500	10	2
Karottensaft	43	543	9	4
Kartoffelchips	54	102	42	23
Kartoffeln, gekocht und geschält	88	417	12	11
Kartoffeln, im Schnellkochtopf gegart	65	278	18	18
Kartoffeln, in Folie gebacken	74	375	13	10
Kartoffeln, neue, ungeschält	57	357	14	8
Kartoffeln, neue, aus dem Glas	63	417	12	8
Kartoffeln, Pellkartoffeln	80	441	11	10
Kartoffeln, Pommes frites	75	259	19	15
Kartoffelpüree, Instantpulver	85	375	13	11
Kartoffelpüree, selbstgemacht	85	250	20	17
Kichererbsen aus der Dose	42	341	15	6
Kichererbsen, Chana-dal	11	208	24	3
Kichererbsen, getrocknet und gekocht	28	250	20	6
Kirschen	22	500	10	2
Kiwi	53	500	10	5
Konfitüre, Orangen	48	75	67	32
Krapfen	76	102	49	37
Kürbis, gekocht	75	1000	5	4
Laktose	46	50	100	46
Linsen, grün, getrocknet und gekocht	30	441	11	3
Linsen, grün, aus der Dose	52	454	11	6
Linsen, rot, getrocknet und gekocht	26	417	12	3

Lebensmittel	GI	Lebensmittelmenge in Gramm, in der 50 g Kohlenhydrate enthalten sind	Kohlenhydratmenge pro 100 g Lebensmittel	GL pro 100 g Lebensmittel
Lucozade (Energiedrink)	95	312	16	15
Maischips	63	96	52	33
Mais, frisch	53	234	21	11
Maltose	105	50	100	105
Mango	51	353	14	7
Maniok (Kassava, Yuca)	46	185	27	12
Melone, gelbfleischig	65	1000	5	5
Milch, Buttermilch	11	1136	4	0
Milch, entrahmt	32	962	5	2
Milch, Soja	42	714	7	3
Milch, teilentrahmt	29	1000	5	1
Milch, Vollmilch	27	1042	5	1
Muffin	57	102	49	28
Müsli, Schweizer Müsli	55	79	63	35
Müsli, ungesüßt	49	76	66	32
Nudeln, chinesische Glasnudeln	58	231	22	13
Nudeln, Instantnudeln	47	225	22	10
Nudeln, Mungbohnen (durchsichtig)	33	200	25	8
Nudeln, Reisnudeln	61	231	22	13
Orangen	42	545	9	4
Orangensaft, ungesüßt	46	481	10	5
Papaya	59	353	14	8
Pasta, Fettucine (Hartweizengrieß), gekocht	40	196	26	10
Pasta, Gnocchi (mit Kartoffeln)	68	188	27	18
Pasta, Macaroni, gekocht	47	188	27	13
Pasta, Mais, gekocht	54	214	23	13
Pasta, Naturreisnudeln, gekocht	92	237	21	19
Pasta, Spaghetti, al dente	39	191	26	10
Pasta, Spaghetti, 10–15 Min. gekocht	43	188	27	11
Pasta, Spaghetti, eiweißangereichert, gekocht	27	173	29	8
Pasta, Vollkornspaghetti, gekocht	37	214	23	9
Pastinake, gekocht	97	333	15	15
Pfirsiche	42	545	9	4
Pfirsiche aus der Dose	38	545	9	3
Pflaumen	39	500	10	4
Pizza (rund 5 Beläge, mit einem GI zwischen 30 und 80)	60	185	27	16
Polenta, gekocht	68	577	9	6
Popcorn	72	91	55	40

Lebensmittel	GI	Lebensmittelmenge in Gramm, in der 50 g Kohlenhydrate enthalten sind	Kohlenhydrat-menge pro 100 g Lebensmittel	GL pro 100 g Lebensmittel
Quinoa	35	294	17	6
Ravioli, mit Fleischfüllung	39	237	21	8
Reis, Basmati, vorgekocht	57	185	27	15
Reis, braun	55	227	22	12
Reis, Jasmin	109	179	28	31
Reiskuchen	91	60	83	76
Reis, Parboiled (Uncle Ben's)	47	208	24	11
Reis, Risotto/Arborio	69	143	35	24
Reis, weißer Basmati	58	197	25	15
Reis, weiß, Langkorn	56	183	27	15
Reis, weiß, Langkorn, aus Bangladesch	38	192	26	10
Reis, Wildreis	57	238	21	12
Roggen, ganzes Korn, gekocht	34	66	76	26
Rosinen	64	68	73	47
Rote Beete	64	571	9	6
Sandkuchen	54	95	53	29
Schokolade, dunkel, 70 % Kakaobestandteile	22	156	32	7
Schokolade, Mars	65	75	67	43
Schokolade, Milchschokolade	43	89	56	24
Schokolade, M & M, mit Erdnüssen	33	88	57	19
Schokolade, Snickers	55	88	57	31
Schokolade, Twix	44	77	65	29
Scones (engl. Teegebäck)	92	139	36	33
Sportgetränk Gatorade	78	833	6	5
Sportgetränk Isostar	70	694	7	5
Sultaninen	56	66	75	42
Süßkartoffeln, gekocht	61	268	19	11
Steckrübe	72	750	7	5
Tacos (aus Maismehl)	68	83	60	41
Tomatensaft	38	1389	4	1
Tortillas (mexikanische)	52	104	48	25
Trauben	46	333	15	7
Vollkornkekse	55	73	68	37
Wassermelone	72	1000	5	4
Weizen, ganzes Korn, gekocht	41	74	68	28
Weizenkleieflocken	74	83	60	44
Yakult	46	278	18	8
Yamwurzel	66	208	24	16
Zucker (Sucrose)	68	50	100	68

Häufig gestellte Fragen

F Wodurch unterscheidet sich die GDD von einer kohlenhydratarmen Diät?

A Meine Diät enthält weniger Kohlenhydrate, als viele Menschen normalerweise zu sich nehmen, aber es ist weniger eine »Low Carb-« als eine »Slow Carb-Diät«, eine mit langsamen Kohlenhydraten also.

Alles in allem bauen Diäten mit stark eingeschränkter oder gar ohne Kohlenhydratzufuhr auf dem Prinzip auf, dass der Körper Fett verbrennen muss, um Energie zu gewinnen, wenn seine Glukoseversorgung (die durch Kohlenhydrate sichergestellt wird) unzureichend ist. Dieser Prozess, den man als Ketose bezeichnet, beginnt rund 24 Stunden, nachdem zuletzt Kohlenhydrate aufgenommen wurden. Wenn das Körperfett sinkt, werden sogenannte Ketone gebildet, Substanzen, die der Körper bis zu einem gewissen Grad anstelle von Blutzucker als Energie nutzen kann. Eine solche Methode bringt zwar kurzfristig einen Gewichtsverlust, ist aber auf lange Sicht keine ausgewogene Ernährungsweise. Mundgeruch ist eine Folge; noch wesentlicher ist der Flüssigkeitsverlust und damit einhergehend der Verlust wichtiger Mineralien durch vermehrte Harnausscheidung, was man durch nahrungsergänzende Mittel wieder ausgleichen muss.

Mein Ziel ist eine ausgewogene, bewusste Ernährung, die sowohl auf althergebrachtem Wissen als auch exakten wissenschaftlichen Erkenntnissen beruht und die man Zeit seines Lebens befolgen kann und will. Mein Anliegen ist eine nachhaltig verbesserte Gesundheit und Regulierung des Gewichts. Das bedeutet, dass man mehr natürliche und weniger raffinierte und industriell verarbeitete Lebensmittel konsumiert. Das gilt in besonderem Maße für Kohlenhydrate, denn die Art der Kohlenhydrate, die wir aufnehmen, beeinflusst unseren Blutzuckerspiegel, der wiederum direkt auf unser Hungergefühl, auf Heißhungerattacken und darauf einwirkt, ob wir Fett speichern oder verbrennen. Langsame Kohlenhydrate bewirken einen allmählichen Blutzuckeranstieg, während stark verarbeitete Kohlenhydrate ihn in die Höhe treiben, was eine Vielzahl gesundheitlicher Probleme zur Folge haben kann. Obwohl Kohlenhydrate in letzter Zeit also ein wenig in Verruf geraten sind, gibt es keinen Grund, sie gänzlich zu meiden; man sollte sie allerdings mit Bedacht auswählen. Die GL-Liste auf den Seiten 159–163 soll Ihnen dabei helfen. Und man sollte nicht außer Acht lassen, dass natürlich auch die Wahl gesunder, minimal verarbeiteter Fette überaus wichtig ist.

F Bei Ihnen ist häufig von Entzündungsprozessen die Rede. Welchen Zusammenhang gibt es mit der Ernährung?

A Tatsächlich geht jede Art von chronischer Erkrankung mit einer Entzündung einher. Wenn man sich verbrennt oder etwas verstaucht, wird die betroffene Stelle rot und schwillt an. Die Ursache sind hormonähnliche Substanzen, sogenannte Eicosanoide, deren Aufgabe es ist, solche Angriffe abzuwehren. Unter bestimmten Bedingungen aber können Entzündungen chronifizieren und eine bestehende Veranlagung verschlimmern oder chronische Erkrankungen hervorrufen.

Bei einer chronischen Entzündung ist irgendetwas mit der Gesundheit in die verkehrte Richtung gelaufen. Statt den Körper zu reparieren – was der Zweck einer lokalen, temporären Entzündung ist –, setzt die chronische Entzündung seine Funktionsfähigkeit herab, beschleunigt den Alterungsprozess und verursacht Krankheiten. Entzündungskrankheiten haben in den vergangenen Jahrzehnten dramatisch zugenommen, und parallel dazu auch der Verzehr von stark Omega-6-haltigen Ölen, Transfettsäuren und der sie enthaltenden, industriell gefertigten Lebensmittel. Diese sogenannten entzündungsfördernden Lebensmittel sollte man meiden. Omega-3-Fettsäuren (enthalten in fettigem Fisch, Leinsamenöl und in geringerem Maße auch in Nüssen) und Lebensmittel, die reich an Antioxydantien sind, wie Obst und Gemüse, Beeren und Kräuter, Nüsse und Samen, wirken entzündungshemmend.

F Befürworten Sie die Einnahme nahrungsergänzender Mittel?

A Eine ausgewogene, abwechslungsreiche Ernährung ist das Beste, was man für seine Gesundheit tun kann. Nahrungsergänzende Mittel sind keine Wundermittel. Zu viele Menschen glauben an Vitamin- und Mineralienpräparate und sollten vielmehr darauf achten, das Richtige zu essen.

Was nicht heißt, dass man nicht zu bestimmten Zeiten auf bestimmte nahrungsergänzende Mittel zurückgreift, beispielsweise in der Rekonvaleszenz, während der Schwangerschaft und in der Stillzeit. Veganer müssen dem Körper Vitamin B12 zuführen, da dieses Vitamin nur in tierischen Quellen enthalten ist. Vegetarier können das Vitamin über Eier, Käse und Milch aufnehmen.

Allerdings haben wir alle in der heutigen Welt auch mit Umweltgiften und Stress zu tun und damit einen erhöhten Bedarf an zusätzlichen Vitaminen und Mineralien. Zudem hat vieles von dem, was wir heutzutage essen, nicht mehr den Nährwert, den es früher einmal hatte (infolge moderner Anbaumethoden, der Bodenverarmung, langer Transportwege für Lebensmittel usw.).

Wenn Sie das Gefühl haben, nahrungsergänzende Mittel seien das Richtige für Sie, sprechen Sie darüber mit Ihrem Arzt, da manche in Verbindung mit bestimmten Medikamenten kontraindiziert sind.

F Wie kann ich Heißhungerattacken auf Süßes und stärkehaltige Lebensmittel beikommen?

A Essen Sie regelmäßig und versäumen Sie vor allem nicht zu frühstücken und zwischendurch am Vor- und Nachmittag etwas zu sich zu nehmen, denn dadurch halten Sie Ihren Blutzuckerspiegel stabil. Wenn Sie nicht frühstücken, ist fast schon garantiert, dass Ihr Körper irgendwann am Vormittag nach etwas giert, was den Blutzucker schnellstmöglich in die Höhe treibt – und das sind süße, hochraffinierte Kohlenhydrate! Genauso wichtig ist es, zu jeder Mahlzeit Eiweiß zu sich zu nehmen, was sättigender ist als Kohlenhydrate allein. Wenn Sie Ihren Hunger auf Süßes mit Obst stillen wollen, sollten Sie ebenfalls Eiweiß zu sich nehmen, beispielsweise Nüsse.

Wenn Sie die GDD befolgen, lässt Ihr Appetit auf Süßes oder Stärkehaltiges vermutlich nach, da Sie dann nicht den Blutzuckerschwankungen unterworfen sind, die Heißhungerattacken oft erst hervorrufen. Sollten Sie dennoch weiterhin darunter leiden, können Sie es vielleicht mit dem Nahrungsergänzungsstoff 5-HTP (5-Hydroxytryptophan) versuchen, der nachgewiesenermaßen appetitzügelnd wirkt, insbesondere was süße und stärkehaltige Lebensmittel angeht. Das liegt vermutlich daran, dass 5-HTP den Serotoninspiegel erhöht; Serotonin ist ein Botenstoff mit entspannender, beruhigender Wirkung. Mehrere Lebensmittel wie Zucker und Schokolade erhöhen bekanntlich den Serotoninspiegel im Gehirn. 5-HTP wird im Körper von der Aminosäure Tryptophan gebildet, die in den meisten eiweißhaltigen Lebensmitteln enthalten ist. Durch eine ausgewogene Ernährung mit genügend Eiweiß zu allen Mahlzeiten ist eine angemessene 5-HTP-Zufuhr in der Regel gewährleistet.Die Einnahme tagsüber kann allerdings zu Schläfrigkeit führen. Das Mittel eignet sich ebenfalls nicht für schwangere oder stillende Frauen. Wichtig ist, keinen Nahrungsergänzungsstoff zu nehmen, der neben 5-HTP noch andere Bestandteile enthält. Manche Präparate enthalten Ephedra (oder das ephedrahaltige chinesische Kraut Ma Huang), das mit ernsthaften Nebenwirkungen in Zusammenhang gebracht wird und gemieden werden sollte.

F Der GL einiger Lebensmittel ist höher als erwartet. Können Sie erläutern warum?

A Was ich angebe, ist der GL pro 100 g Lebensmittel – und nicht pro Portion. Dadurch kann man die Lebensmittel leicht vergleichen und arbeitet mit denselben Größenordnungen wie die Lebensmittellabors. Man muss sich deshalb aber auch klar machen, welche Menge man tatsächlich verspeist. Der GL von Hafergebäck etwa mag hoch sein, aber 100 g davon entsprechen etwa 10 Keksen, viel mehr, als die meisten Menschen normalerweise auf einmal essen würden. Wenn Sie nur 2 Kekse essen, liegt der GL dagegen bei 7, was schon deutlich akzeptabler ist.

Denken Sie aber daran, dass dieses Prinzip umgekehrt auch funktioniert: Eine 100 g-Portion gekochte Nudeln hat einen mittleren GL von rund 13, aber viele essen weitaus mehr als nur 100 g: Bei 200 g liegt der GL schon bei 26. Deshalb ist die Mengenkontrolle ein wichtiger Gesichtspunkt für die Gewichtsreduzierung. Am besten bekommt man die Essensmenge ohne Gramm- und Kalorienzählen in den Griff, wenn man sich auf die Wahl der Lebensmittel und die Zusammenstellung dessen konzentriert, was auf den Teller kommt, und indem man häufig niedrigglykämische Haupt- und Zwischenmahlzeiten zu sich nimmt. Das dadurch entstehende Sättigungsgefühl reguliert den Appetit.

F Was ist Fruktose und warum empfehlen Sie deren Einnahme?

A Fruktose ist der Zucker, der in jedem Obst enthalten ist. Sie ist 30 bis 50 % süßer als normaler Zucker (in Pulverform schmeckt sie süßer als flüssig). Fruktose verursacht auch deutlich weniger Zahnverfall. Am wichtigsten aber ist, dass Fruktose langsamer absorbiert wird und nicht direkt in Energie umwandelbar ist, weswegen sie auch einen niedrigen GI-Wert von 19 hat.

Das heißt jedoch nicht, dass man unbegrenzt Fruktose zu sich nehmen könnte: Sie sollten jegliche Zuckerzufuhr einschränken, aber verwenden Sie, wenn nötig, kleine Mengen Fruktose anstelle von normalem Zucker. Wenn Sie eigene Rezepte anpassen, benötigen Sie rund ein Drittel weniger Fruktose verglichen mit Zucker. Beim Backen sollte die Ofentemperatur aus Rezepten, bei denen normaler Zucker verwendet wird, um rund 50 °C verringert, die Backzeit dafür etwas verlängert werden.

Fruktose ist teurer als Rohrzucker – ein Grund dafür, dass die Lebensmittelindustrie letzterem den Vorzug gibt –, aber sie ist ihr Geld wert. Reines Fruktosepulver ist nicht dasselbe wie Maissirup (HFCS), der in vielen industriell gefertigten Lebensmitteln und süßen Getränken enthalten ist. HFCS ist fast identisch mit normalem Zucker (Rohrzucker), nur dass er flüssig ist und aus Mais hergestellt wird. Er ist hochglykämisch und sollte vermieden werden.

F Warum hat Honig einen hohen GI, wo er doch Fruktose enthält?

A Honig besteht aus wasserlöslicher Glukose und Fruktose in unterschiedlichen Anteilen; er hat keinen Standard-GI, weil er kein Standardprodukt ist. Entsprechend variiert der GI von Honig: je höher der Fruktose-Gehalt, desto niedriger der GI.

F Ist bei Erdnüssen mit ihrem niedrigen GI frische oder gesalzene Ware gemeint?

A Erdnüsse haben alle denselben GI, aber rohe Erdnüsse sind viel gesünder als gesalzene oder geröstete, wegen des Salzes und anderer Zusatzstoffe und weil das Erdnussfett während des Röstens und der Weiterverarbeitung erhitzt wird.

F In der Saison esse ich fast täglich Erdbeeren. Hat das Einfluss auf meinen Blutzuckerspiegel?

A Alle Beeren haben einen niedrigen GI. Erdbeeren enthalten so wenig Kohlenhydrate, dass ihr GI praktisch wirkungslos ist. Man kann also guten Gewissens so viele Erdbeeren essen, wie man will. Probieren Sie auch Himbeeren; sie enthalten besonders viele Faserstoffe und Vitamin C. Wegen der besseren Eiweißbilanz kann man etwas Naturjoghurt oder Hüttenkäse dazu essen.

F Hat das Erhitzen von Lebensmitteln Einfluss auf den GI? Kartoffeln beispielsweise haben in gekochtem Zustand einen höheren GI, aber wie verhält es sich mit anderen Lebensmitteln wie etwa Reis?

A Hier gibt es keine generellen Regeln. Bei stärkehaltigen Lebensmitteln allerdings, wie Kartoffeln, Karotten, weißen Rüben und sonstigem Wurzelgemüse, erhöht sich der GI-Wert, wenn sie gekocht werden, da die in ihnen enthaltene Stärke von Amylose in Amylopektin umgewandelt wird (Letztere hat den höheren GI). Der GI von Reis erhöht sich mit der

Garzeit. In der Regel gilt: Je klebriger der Reis, desto höher der GI.

F Welche Alternative gibt es zu Weißmehl?

A Anstelle von Weißmehl sollte man steingemahlenes Vollkornmehl verwenden. Sojamehl mit seinem sehr hohen Eiweißanteil und dem niedrigen GI kann Weißmehl entsprechend den Angaben in den meisten Rezepten zu rund einem Drittel ersetzen. Sie können auch Hafermehl oder Mehl aus alten Weizenarten wie Dinkel und Kamut verwenden; Letztere enthalten mehr Vitamine, Mineralien und Protein als herkömmliches Weizenmehl. Verwenden Sie es zumindest zu einem Teil anstelle von Weißmehl. Denken Sie auch daran, dass Nüsse und Samen die glykämische Wirkung von Brot mindern und es gesünder machen.

Wenn Sie Kuchen backen, können Sie Weißmehl generell durch ein Drittel Sojamehl, ein Drittel Gerstenmehl und ein Drittel fein gemahlene Mandeln ersetzen. Gegebenenfalls müssen Sie den Flüssigkeitsanteil verändern, um dasselbe Ergebnis zu erzielen wie mit herkömmlichem Mehl.

F Ich trinke viel Kaffee. Sollte ich Koffein generell meiden, etwa zugunsten von Tee?

A Ob Kaffee gesund ist oder nicht, ist strittig. In jüngster Zeit wurde eine vorteilhafte Wirkung nachgewiesen. So leiden Kaffeetrinker anscheinend weniger häufig an Asthma. Koffein wird auch mit einem geringeren Krankheitsrisiko für Parkinson in Zusammenhang gebracht. Noch eindeutiger sind mehrere groß angelegte Studien, aus denen hervorgeht, dass bei mäßigem Kaffeekonsum das Risiko, an Diabetes Typ 2 zu erkranken, um 40 Prozent sinkt. Tatsächlich ist Kaffee in der abendländischen Ernährung eine der wichtigsten Antioxydantien-Quellen überhaupt, vor allem wegen des hohen Kaffeekonsums.

Andererseits soll Kaffee den Homocysteinspiegel im Blut und damit das Risiko von Alzheimer und Herz-Gefäßkrankheiten erhöhen. Einen direkten Nachweis für den Zusammenhang zwischen Kaffeekonsum und diesen Störungen gibt es allerdings nicht. Darüber hinaus soll Kaffee die Fruchtbarkeit nicht rauchender Frauen herabsetzen und enthält zudem die potentiell krebsauslösenden Stoffe Acrylamid und Kadmium.

Zweifellos aber ist Kaffee auch ein Genussmittel, und wenn man das zuvor Gesagte berücksichtigt, tendiere ich eher zur Mäßigung als zum Verzicht oder zu übermäßigem Konsum. Beschränken Sie sich auf ein oder zwei Tassen normalen Kaffee pro Tag oder nehmen Sie stattdessen entkoffeinierten Kaffee. Nötigenfalls entwöhnen Sie sich mit einer Mischung aus halb normalem und halb entkoffeiniertem Kaffee.

Auch schwarzer Tee enthält Koffein. Die weitaus bessere Wahl ist grüner Tee, der sogar noch mehr Antioxydantien enthält als Kaffee oder Schwarztee. Manche davon sind erwiesenermaßen wirkungsvoller als Vitamin C und E. Wer grünen Tee trinkt, scheint weniger anfällig für eine ganze Reihe von Krankheiten zu sein, von einfachen Infektionskrankheiten über Herz-Gefäßkrankheiten, Krebs und Osteoporose bis hin zu chronischen degenerativen Erkrankungszuständen.

Was auch immer Ihr Lieblingsgetränk ist, denken Sie daran, dass die wichtigste Quelle für die Flüssigkeitszufuhr des Körpers nach wie vor Wasser ist. Versuchen Sie, möglichst 2 Liter am Tag zu trinken.

F Ich gehe oft essen. Kann ich die GDD in meine Lebensweise integrieren?

A Mittlerweile ist es viel leichter, auch in Restaurants gesundes Essen zu bekommen. Entscheidend ist, dass man die Musterteller (s. Seite 21) und die groben Richtlinien der GDD berücksichtigt. Wahrscheinlich ist es am einfachsten, das ABC-Essen in das Restaurant zu verlegen. Dann können Sie auch ein paar Kohlenhydrate wie Kartoffeln, Nudeln oder Reis genießen. Oder ein Dessert. Hilfreich sind auch folgende Tipps:

- Essen Sie eine Kleinigkeit, bevor Sie das Restaurant aufsuchen, so dass Sie nicht heißhungrig dort

ankommen und alles Mögliche essen könnten. Die Zwischenmahlzeit sollte sehr protein- und ballaststoffreich sein (Nüsse und Obst beispielsweise).

- Meiden Sie den Brotkorb. Jede Art von Brot ist mittel- oder hochglykämisch, erhöht den Blutzucker- und Insulinspiegel und steigert den Appetit.
- Wenn möglich, nehmen Sie einen Salat mit Vinaigrette als Vorspeise, dadurch sinkt der GL der restlichen Mahlzeit (Säurehaltiges wie Essig und Zitrone verlangsamt die Kohlenhydratabsorption). Wenn Sie eine Suppe essen, nehmen Sie keine dickflüssig-sahnige, sondern eine, die mit einem Fond oder einer Brühe zubereitet ist.
- Vermeiden Sie alles, was in Teig gebacken oder frittiert ist. Fragen Sie nach der genauen Zubereitung, sofern Sie aus der Speisenbezeichnung nicht hervorgeht.
- In Restaurants hat man Gelegenheit, auch einmal Fisch zu essen. Gedünstet, gegrillt, im Ofen gebraten oder rührgebraten eignen sich Fisch und Meeresfrüchte gut, aber meiden Sie Fischküchlein und panierte oder in Eierteig gebackene Gerichte.
- Wenn Sie sich für Fleisch als Eiweißquelle entscheiden, nehmen Sie Geflügel oder mageres Fleisch und vermeiden Sie verarbeitete Fleischwaren wie Würste und Pasteten.
- Essen Sie viel Gemüse und denken Sie an Hülsenfrüchte, die eine wunderbare Art sind, ballaststoffreich zu essen.
- Achten Sie auf die Größe der Portionen, vor allem, wenn die Kohlenhydrate Teil des Belohnungsessen sind. Denken Sie daran, dass die Menge der halben Größe Ihrer Handfläche entsprechen sollte.
- Wenn Sie ein Dessert nehmen, dann eines auf der Basis von Milchprodukten, Eiern und/oder Nüssen und möglichst keines, das mit Mehl zubereitet wird.

Alphabetisches Verzeichnis

Rezeptverzeichnis

T

V

W

Z